Das Orgelwerk Maurice Duruflés im Orgelunterricht

Ein Beitrag zu Form, Ästhetik und Technik

von

Marius Schwemmer

Tectum Verlag
Marburg 2003

Das Titelbild zeigt Maurice Duruflé an seiner Hausorgel im Jahre 1966 (Photographe Seeberger), mit freundlicher Genehmigung der Association Maurice et Marie-Madeleine Duruflé

Schwemmer, Marius:
Das Orgelwerk Maurice Duruflés im Orgelunterricht.
Ein Beitrag zu Form, Ästhetik und Technik.
/ von Marius Schwemmer
- Marburg : Tectum Verlag, 2003
ISBN 978-3-8288-8578-3

© Tectum Verlag

Tectum Verlag
Marburg 2003

 *Inhaltsverzeichnis*

I. BIOGRAPHISCHER TEIL   9

1. Der Lebenslauf von Maurice Duruflé   9

1.1. Kindheit und Zeit im Internat der Domsingschule in Rouen   9
1.2. Organist an Notre-Dame in Louviers   11
1.3. Schüler von Charles Tournemire   14
1.4. Schüler von Louis Vierne   20
1.5. Das Studium am Conservatoire Paris   25
1.6. Komponist und Organist an Saint-Étienne-du-Mont   29
1.7. Lehrer am Conservatoire   35
1.8. Der Unfall   40

2. Maurice Duruflé als Komponist   41

2.1. Werkverzeichnis   45

3. Duruflé als Publizist zu aktuellen kirchenmusikalischen Themen   47

4. Duruflé als Organologe   49

II. ANALYTISCHER TEIL   63

1. Die Orgelwerke unter dem Aspekt der Form, der Harmonik und der Ästhetik   63

1.1. Das „*Scherzo*" op. 2 von 1926   63
1.2. Prélude, Adagio et Choral varié sur le Théme du „Veni Creator" op. 4 von 1930   73
     1.2.1. Prélude   75
     1.2.2. Adagio   80
     1.2.3. Choral varié   82

1.3. Suite op. 5 (Prélude, Sicilienne-Toccata) von 1934   84
    1.3.1. Prélude   85
    1.3.2. Sicilienne   87
    1.3.3. Toccata   89

1.4. Prélude et Fugue sur le nom d'ALAIN op. 7 von 1942   96
    1.4.1. Prélude   101
    1.4.2. Fuge   112

1.5. Fugue sur le theme du Carillon des heures de la Cathédrale de Soissons, op. 12 von 1962   117

1.6. Prélude à l'Introït de l'Epiphanie, op 13. von 1961   125

2. Zusammenfassung der formalen, harmonischen und ästhetischen Analyse   **131**

3. Das Orgelwerk Duruflés unter technischen Aspekten samt einiger methodischer Ansätze für den Orgelunterricht   **133**

3.1. Manualtechnik   134
    3.1.1. Das Spiel auf zwei Manualen gleichzeitig   134
    3.1.2. Das Abgreifen von einer Hand in die „Melodiestimme" der anderen   134
    3.1.3. Das Übergreifen einer Hand über die andere   135
    3.1.4. Schnelle Notengruppen in einer Hand bei gefesselten Fingern   135
    3.1.5. Schnelle Triller- und „Triolen-Wechselnoten-Figuren"   136
    3.1.6. Große Sprünge in den Händen   136
    3.1.7. Legato-Artikulation als Grundartikulation   136
    3.1.8. Legato-Artikulation auch über Manualwechsel hinweg   137
    3.1.9. Das Spiel verschiedener Artikulationen zur gleichen Zeit   138
    3.1.10. Polyrhythmik   138

3.2. Pedaltechnik   139
    3.2.1. Selbstständige Schwellerbetätigung trotz kompliziertem Pedalsatz   139
    3.2.2. Doppelpedal   140
    3.2.3. Legatoartikulation im Pedal trotz großer Intervalle   140

III. DAS ORGELWERK DURUFLÉS IM ORGELUNTERRICHT   **141**

IV. ANHANG:
   MEINE ERINNERUNGEN AN TOURNEMIRE UND VIERNE   143

V. SEKUNDÄRLITERATURVERZEICHNIS   153

EINLEITUNG

Maurice Duruflé an der großen Orgel von Saint-Étienne-du-Mont [1]

Am 11. Januar 2002 wäre eine französische Organistenlegende und ein weltweit anerkannter Organist 100 Jahre alt geworden: Maurice Duruflé. Auch das Wissen wichtiger biographischer Daten erhellt nicht die Aura, die die Person Maurice Duruflé umgibt und die sich in seiner Musik fortsetzt. Sein eigenwilliges, sehr individuelles, aber ohne Zweifel reizvolles Werk bietet Anhaltspunkte und verfügt über Verwandtschaften zu anderen Komponisten wie Gabriel Fauré, der ebenfalls eine subtile Harmonik „à la française" vertritt. Ganz im Gegensatz zu seinem Studienkollegen Olivier Messiaen war Duruflé kein Freund avantgardistischer Experimente, auch wenn er die von ihm systematisierte Klangentwicklung stellenweise verwendet, sondern er suchte v.a. Inspiration aus dem bereits vorhandenen, jahrhundertealten musikalischen Schatz zu schöpfen. So fand er Gefallen an einem gewissen Schwanken zwischen klassischer Tonalität und mittelalterlicher Modalität. Paul Dukas, Charles Tournemire und Louis Vierne prägten seine äußerst elegante und zugleich subtile musikalische Harmonie. Die

---

[1] Mit freundlicher Genehmigung der Association Maurice et Marie-Madeleine Duruflé.

wichtigste Quelle seines Schaffens war jedoch die Verschmelzung gregorianischer Modi mit der impressionistischen Klangmalerei Maurice Ravels und Claude Debussys. Auch als Organologe machte sich Duruflé einen Namen. Darüber hinaus engagierte er sich besonders für das kompositorische Werk seines Lehrers Charles Tournemire und war u.a. für die Uraufführung der VI. Sinfonie von Louis Vierne (1935) sowie für das Konzert für Orgel und Orchester von Francis Poulenc (1941) verantwortlich.

Sein Orgelwerk gehört meines Erachtens zum Standard der Orgelliteratur in der Ausbildung hauptamtlicher Kirchenmusiker und konzertierender Organisten. Anhand der Werkanalyse unter den Gesichtspunkten der Form, Ästhetik und Technik sollen nicht nur Erkenntnisse über die Kompositionsweise Duruflés und seine Einordnung und Stellung in der modernen Orgelliteratur gewonnen werden, sondern auch praktische didaktische Ansätze für den Orgelunterricht.

I. BIOGRAPHISCHER TEIL

1. Der Lebenslauf von Maurice Duruflé

Um die Person Duruflés und damit seine Kompositionen besser erfassen zu können, muss man sich die prägenden Stationen seines Lebensweges vergegenwärtigen. Daher liegt im Folgenden neben den biographischen Fakten ein besonderes Augenmerk auf der Frage, inwiefern die unterschiedlichen Lehrer und Musiker (Tournemire, Vierne, Dukas) seine musikalische Entwicklung beeinflusst haben.

1.1. Kindheit und Zeit im Internat der Domsingschule in Rouen

Maurice Duruflé wurde am 11. Januar 1902 in der „Rue du Quai" Nr. 59 als Sohn des Architekten Charles Duruflé (1864-1945) und der Hausfrau Marie-Mathilde Duruflé (1876-1950), geborenen Prévost, in Louviers geboren, einem, wie er es selber in seinen „Mémoires"[2] beschreibt, „verträumten Ort" in der Normandie. Dort erhielt er mit fünf Jahren seinen ersten Musikunterricht und schon früh zeigte sich seine musikalische Begabung. Sein erstes Instrument war die „harmonie-flûte", ein kleines Harmonium mit nur einem Register.

Mit dem Eintritt des gerade erst Zehnjährigen in das Internat der Domsingschule „Maîtrise Saint-Évode" von Rouen und der Aufnahme des musikalisches Studiums dort setzte eine Wende im Leben Duruflés ein. Dieses Internat ist schon im 4. Jahrhundert dokumentiert und seit dem 14. Jahrhundert besteht es in unveränderter Form bis heute. In der Geschichte des kirchenmusikalischen Internates und der damit fest verbundenen Kathedrale von Rouen sind Komponisten wie Jehan Titelouze (1563-1633) vertreten, den Marcel Dupré den „Vater der französischen Orgelmusik" nannte und dessen Tradition noch bis zur Zeit Duruflés weiterwirkte. Titelouze lebte von 1563 bis 1633 und war mit 22 Jahren erst Organist an St. Jean in Rouen, später an der Kathedrale, wo er auch ab 1611 Domherr war. Er hinterließ zwei Sammlungen, die „Le Magnificat" mit Magnificatversetten in den acht Kirchentönen und die „Hymnes de l'Eglise", die Versetten über zwölf gregorianische Hymnen beinhaltet. Eben diese Sammlung nahm sich

---

[2] In: L'Orgue cf. Sekundärliteraturverzeichnis.

Dupré zum Vorbild und bezog seine eigene auf die von Titelouze, indem er acht Hymnen, die auch der altfranzösische Meister bearbeitete, in seinem „Tombeau de Titelouze" verwendete.

Doch auch zur Internatszeit Duruflés wirkten an der Maîtrise herausragende Musiker als Lehrer wie z.b. Jules Haelling (1868-1926), ein Schüler von Alexandre Guilmant.

Von 1912 bis 1918 war Duruflé dort Mitglied des Knabenchores. Dessen Schwerpunkt lag neben der Ausbildung in den allgemeinen Musikfächern im Chorgesang der großen katholischen Kirchenmusikliteratur wie z.b. Werken von Palestrina, de Victoria, aber auch Beethoven, Saint-Saëns und Gounod und v.a. des Gregorianischen Chorals. Dafür gab es sogar eine institutseigene Choralschola. In dieser wurde der Gregorianische Choral nach den Reformlehren des Dom Pothier[3] auf Initiative des Erzbischofs Dubois gegen den Widerstand der Kanoniker gelehrt. Vermutlich gründete und manifestierte sich hier Duruflés Verbundenheit mit dem Gregorianischen Choral in jenen Jahren der Choral-Renaissance, die im Kontext des wachsenden Interesses für die Musik des Mittelalters und die römischen kirchenmusikalischen Reformansätze des 19. Jahrhunderts, die sich dann im Cäcilianismus und der Palestrina-Renaissance ausdrückten.

Darüber hinaus studierte Duruflé Klavier, Orgel und Harmonielehre bei Jules Haellig, dem „Titularorganisten", Gesang bei Abbé Benard und Gehörbildung und Kontrapunkt bei andern Lehrkräften. Über seinen „ersten" Orgellehrer berichtet Duruflé:

---

[3] Dom Joseph Pothier (1835-1923) war zuerst Priester der Diözese von Saint-Dié in Frankreich, trat dann in die Abtei Saint-Pierre de Solesmes ein und legte am 1. November 1860 seine Profess ab. Er gilt als der federführende Mann der Restauration des Gregorianischen Chorals und hat sich um diesen wie kein anderer verdient gemacht. Er restituierte die Melodien und reanimierte nach Jahrhunderten der „Cantus planus"-Praxis mit seiner Theorie des „oratorischen Rhythmus", also des an der Sprache und dem Gebet orientierten Rhythmus, eine authentische Praxis des Chorals. Damit legte er auch den Grundstein für die semiologischen Studien von Dom Eugène Cardine.
Er veröffentlichte außer seinem Hauptwerk „Les mélodies grégoriennes d'après la tradition" (1880) das berühmte Graduale für den Gebrauch der Benediktinerkongregation in Solesmes (1883), eine Antiphonale (1891), 1905 ein „Kyriale", das ähnlich dem noch heute in Gebrauch befindlichen, in das Graduale Romanum eingebundene Kyriale neben den Ordinariumsreihen auch die „Missa pro defunctis" enthält. 1898 wurde er Abt von St. Wandrille (in der Nähe von Rouen).

„Von diesem strengen und zugleich gütigen Mann, der ein exzellenter Musiker und ein bemerkenswert gebildeter Mensch war, erhielt ich meine erste Ausbildung zum Organisten."[4]

Zunehmend begleitete der heranreifende Musiker auch den Institutschor an der Chor- und Hauptorgel der Kathedrale. Erhaltene Konzertprogramme spiegeln sein Repertoire aus dieser Zeit wider, das aus Orgelwerken von Bach, Couperin, César Franck, Guilmant, Widor und Vierne, der einer seiner späteren Lehrer werden sollte, bestand. 1919 vermittelte Haelling Duruflé an Maurice Emmanuel (1862-1938), mit dem Haelling gut bekannt war, und der Duruflé in Paris auf die Aufnahmeprüfung am Pariser Conservatoire vorbereiten sollte.

Der Musikwissenschaftler und Komponist Maurice Emmanuel war Schüler von Dubois und Délibes und lehrte als Nachfolger von Bourgault-Découdray als Magister am Conservatoire.

1.2. Organist an Notre-Dame in Louviers

Mit der Unterstützung von Emmanuel bekam Duruflé auch seine erste „richtige" Organistenstelle, nämlich als „Organiste Titulaire" der „Kirche Notre-Dame" in Louviers, nahe seinem Elternhaus. Duruflé schildert dies in seinen „Mémoires" wie folgt:

„Maurice Emmanuel fragte mich nach meinen Fortschritten auf der Orgel und danach, ob ich an einer Anstellung als Organist an Notre-Dame in Louviers interessiert wäre, was ich freudig bejahte. (...) An dieser dreimanualigen Orgel von John Abbey, die 45 Register besaß, (...) spielte ich zur Eignungsprüfung Präludium und Fuge in a-Moll von Johann Sebastian Bach mit genügendem Erfolg, nicht zuletzt wegen des großen Interesses, das Emmanuel für mich zeigte."[5]

Es handelte sich bei der Orgel in Notre-Dame um ein Instrument[6], das Godefroy (1805) und Momigny (1824) bereits restauriert hatten, und das 1843 von der Firma Daublaine und Callinet modernisiert wurde. Ursprünglich stand es in der

---

[4] Duruflé, Maurice: „Mémoires".
[5] Duruflé, Maurice: „Mémoires".
[6] Alle Angaben nach einer eigenen Übersetzung von François Sabatier „Die Orgeln von Maurice Duruflé" in L´Orgue Nr. 45 von 1991.

Abtei von Bonpart. Bis zu einer weiteren Renovierung 1887 hatte das Instrument 36 Register verteilt auf drei Manuale und Pedal, davon fünfzehn auf dem Hauptwerk, zehn auf dem Positiv und sieben auf dem Schwellwerk. Nach den Arbeiten, die 1894 mit einem Gutachten unter dem Vorsitz von Alexandre Guilmant abgeschlossen wurden, wurde die Disposition auf 43 Register erweitert. Auf die Bitte der Kommission wurden jedoch einige alte Register, die der Orgelbauer erhalten hatte (Trompette und Clairon des Positivs, Hautbois, Viola da Gamba und Voix céleste des Schwellwerks), durch neue ersetzt und das ganze Werk auf 44 Register aufgestockt.

Im Jahr 1926 gab es eine weitere Überholung durch die Firma Convers. Beim Einweihungskonzert am 17. Oktober spielte Maurice Duruflé u.a. ein Adagio von Charles Tournemire, die Fantasie und Fuge in g-Moll (BWV 542) von J. Sebastian Bach, Präludium, Fuge und Variation op. 18 sowie den Choral a-Moll von Cesar Franck und Werke von Frescobaldi und Buxtehude. Er redigierte aber auch den Abnahmebericht der Arbeiten, nicht ohne gewisse Vorbehalte zu äußern, die in der Unzulänglichkeit des Windwerks, der Aggressivität der Zungenregister des Hauptwerkes und des Pedals, in Geräuschen der Mechanik und der schlechten Funktion der Koppeln bestanden. Daneben fand aber die Bezeichnung der Grundstimmen („auf sinnreiche Art ausgeführt"), die „vorzügliche Einbindung des Positivs" und der Ersatz des Piccolo des Schwellwerks durch eine Mixtur sein Lob. Die Orgel war also auf dem Hauptwerk und dem Positiv mit 54 Tasten ausgestattet, aber auf dem Schwellwerk mit 56 (dieser Mangel wurde schon von Guilmant im Jahr 1894 bedauert). Das Pedal verfügte über 30 Tasten, so dass sich folgende Disposition ergab:

Hauptwerk (I. Manual): Montre 16′, Bourdon 16′, Montre 8′, Flûte harmonique 8′, Violoncelle 8′, Gambe 8′, Praestant 4′, Dulciana 4′, Doublette 2′, Cornet V rgs., Plein-jeu 3 rgs., Basson 16′, Trompette 8′, Clairon 4′.
Positiv (II. Manual): Flûte 8′ (Prinzipal-Klang), Bourdon 8′, Salicional 8′, Unda maris 8′, Praestant 4′, Flûte douce 4′, Doublette 2′, Nazard 2′ 2/3, Clarinette 8′ (Charakter einer Cromorne), Trompette 8′.
Récit expressif (III. Manual): Flûte 8′, Cor de nuit 8′, Gambe 8′, Voix céleste 8′, Flûte 4′, Octavin 2′, Piccolo 1′, Quinte 2′ 2/3, Tierce 1′ 3/5, Cor anglais 16′, Voix humaine 8′, Hautbois 8′, Trompette 8′.
Pedal: Contrebasse 16′, Soubasse 16′, Bourdon 8′, Flûte 8′, Bombarde 16′, Trompette 8′.

Diese Disposition ist deshalb hier angegeben, da man sich vergegenwärtigen muss, dass dieses Instrument, das Maurice Duruflé bis zum Ende der Instandsetzungsarbeiten der Orgel von Saint-Étienne-du-Mont im Jahre 1956 anvertraut war, eine sehr sichere Referenz (ebenso wie die Chororgel der Kirche Saint-Étienne-du-Mont) für sein Orgel-Werk darstellt. Denn das „Orgelhauptwerk" mit dem Scherzo, dem „Veni Creator", der Suite und dem Diptychon „Präludium und Fuge über den Namen Alain" wurde vor 1942 komponiert. So passt z.B. die Hauptregistrierung des Scherzo op. 2 sehr gut zu der obigen Orgeldisposition:

I-Bourdon 16′ und 8′, Montre 8′
II-Bourdon 8′, Flûte douce 4′, Flûte 8′
III-Gambe 8′, Voix céleste 8′, Bourdon 8′, Flûte 8′, Flûte 4′, Nazard 2′ 2/3, Octavin 2′
Pedal-Soubasse 16′, Bourdon 8′, Flûtens 8′ und 4′

In den Jahren 1941-42 erfolgte erneut eine umfassende Restaurierung und Erneuerung der Orgel unter der Aufsicht von Maurice Duruflé, die im *Bericht der Restaurierung der Orgel von Notre-Dame von Louviers* dokumentiert ist. Durchgeführt wurde sie von der Firma Gloton, die neben einer dispositionellen Umorientierung nach neoklassizistischen Gesichtspunkten auch am Werk Änderungen vollzog. So wurde der Druck von 100-140 zu 95 oder 85 mm Wassersäule verändert, die Manualumfänge wurden ergänzt, die Barker-Maschine überholt und die Versorgung und Überholung der Mechanik und des Tremolos durchgeführt. Auch die Disposition wurde einigen Änderungen unterworfen, die die Orgel von Abbey auf eine neoklassische Ästhetik ausrichteten. Dazu gehört:

- **Schwellwerk**: Beseitigung des *Piccolo 1′* und des *Cor anglais 8′* für eine *Fourniture 4fach* und eine *Bombarde 16′*; Auswechslung der *Trompette 8′* und Hinzufügung eines *Clairons 4′*
- **Positiv**: *Tierce 1′ 3/5* an Stelle der *Unda maris 8′* mit Wiederverwendung der Pfeifen des Piccolo des Schwellwerks.
- **Hauptwerk**: Ersetzen des *Violoncelle 8′* durch eine *Cymbale 3fach*; die alte *Flûte 8′* wird ausgetauscht gegen eine neue.
- **Pedal**: Neueinbau eines *Soubasse 32′* und einer *Flûte 4′* (aus dem Material der ehemaligen Flûte 8′ des Hauptwerkes).

Ergänzt wurde diese Disposition im Jahr 1961 durch ein Clairon 4′ im Pedal, 1962 durch ein Plein jeu 4fach beim Positiv und 1974 durch eine Chamade 8′ im Hauptwerk. Somit lautet die gegenwärtige Disposition der Orgel:

Hauptwerk (I): Montre 16′, Bourdon 16′, Montre 8′, Flûte harmonique 8′, Viola da Gamba 8′, Bourdon 8′, Praestant 4′, Dulciana 4′, Doublette 2′, Cornet, Plein-jeu, Cymbale, Basson 16′, Trompette 8′, Chamade 8′, Clairon 4′.

Positiv (II): Flûte 8′, Bourdon 8′, Salicional 8′, Praestant 4′, Flûte 4′, Doublette 2′, Nazard 2′ 2/3, Tierce 1′ 3/5, Plein-jeu 4 rgs., Trompete 8′, Clarinette 8′.
Recit (III): Flûte 8′, Cor de nuit 8′, Viola da Gamba 8′, Voix céleste 8′, Flûte octaviante 4′, Octavin 2′, Quint 2′ 2/3, Tierce 1′ 3/5, Plein-jeu 4fach, Voix humaine 8′, Hautbois 8′, Bombarde 16′, Trompette harmonique 8′, Clairon 4′.
Pedal: Soubasse 32′, Contrebasse 16′, Soubasse 16′, Flûte 8′, Bourdon 8′, Flûte 4′, Bombarde 16′, Trompette 8′, Clairon 4′.

1.3. Schüler von Charles Tournemire

Maurice Emmanuel machte Duruflé auch mit Charles Tournemire bekannt, mit dem er als Chorleiter an der Basilika Sainte-Clotilde in Paris von 1904-1906 viel zusammenarbeitete. Tournemire, Organist von Sainte-Clotilde, der sofort die Begabung des gerade erst 16 Jahre jungen Musikers erkannte, sollte zur ersten großen prägenden Lehrerpersönlichkeit Duruflés werden. Daher gilt es, den Musiker und Lehrer Tournemire sowie seinen Einfluss auf Duruflé näher zu beleuchten.

Charles Tournemire (1870-1939)[7]

Charles-Arnaud Tournemire – geboren am 22. Januar 1870 in Bordeaux, gestorben am 4. November 1939 in Arachon – studierte zunächst am Conservatoire von Bordeaux, danach in Paris am „Conservatoire National". Dort belegte er die Fächer Klavier bei Charles de Bériot, Harmonielehre bei A. Taudon und Orgelliteraturspiel/Orgelimprovisation bei César Franck. 1919 wurde er Professor für

---

[7] Quelle: http://www.hetorgel.nl/n1999-03e.htm [Stand 2002].

Ensemblemusik am Pariser Conservatoire. Schon in den frühen Jahren des 20. Jahrhunderts war er eine der interessantesten und auch schöpferischsten Organistenpersönlichkeiten in Paris. Auch als Pädagoge erlangte er großes Ansehen. Er war Herausgeber alter Meister wie der Orgelwerke Buxtehudes, Beethovens, Cabanilles u.a. beim Musikverlag Sénart in Paris und konzertierte in allen großen Städten Frankreichs und des Auslands. Im Zuge seiner Ausbildung am Pariser Conservatoire studierte Tournemire u.a. – wie oben gezeigt – bei Cèsar Franck, was seinen Niederschlag in seinem Schaffen gefunden hat. Duruflé konnte somit die Orgelwerke César Francks quasi aus erster Hand hören.

Der die Improvisation gegenüber der technischen Ausbildung bevorzugende francksche Unterricht kam dem oft als *improvisateur né* beschriebenen Tournemire entgegen, der seine Verehrung für den *Maître* auch in einem kleinen, panegyrnischen Büchlein zum Ausdruck brachte. Musikalisch zeigt sich die stilistische Nähe des tournemireschen Frühwerks zu Franck insbesondere in der Harmonik und der Vorliebe für bestimmte Kompositionsformen, wie z.B. den Gregorianischen Choral, der gerade in *L'Orgue Mystique* eine bedeutende Rolle spielt. Als wichtiges Bindeglied zwischen beiden Komponisten ist die 1859 von Aristide Cavaillé-Coll erbaute Orgel von Sainte-Clotilde anzusehen – Tournemire wurde dort 1898 Nachfolger von G. Pierné und César Franck als Organist –, deren klangliche Besonderheiten sich in vielerlei Hinsicht im Schaffen Francks niedergeschlagen haben, und von denen sich auch Tournemire inspirieren ließ.

Als großer Improvisationskünstler nennt Tournemire in seinem Lehrbuch „Précis d´exécution, de registration et d´improvisation à l´orgue", welches sicher auch Grundlage in der Ausbildung Duruflés war, als Durchführungstechniken, die eine Improvisation in die Nähe einer Komposition rücken:

1. „une bonne et sobre exposition"; i.e. eine gute und klare Exposition
2. „un jalonnement sur des développements"; i.e. eine deutlich abgegrenzte Durchführung
3. „un retour judicieux des périodes diverses"; i.e. eine exakte Reprise der der verschiedenen Abschnitte
4. „une coloration séduisante" ; i.e. eine „verführerische Färbung"
5. „une conclusion serré" ; i.e. ein kurzgefasster Schluss

Dabei muss aber konstatiert werden, dass Tournemire kein Freund festgesetzter (Groß-) Formen war: Er schrieb keine Orgelsymphonien wie Widor oder Vierne, sondern eher „Charakterstücke" wie „Suite de morceaux" op. 24, „Poème" Nr. 1-3 op. 59, „Petites fleurs musicales" op. 66. Unter den Orgelkompositionen ist wohl v.a. der Zyklus „L 'Orgue mystique" zu nennen, der inhaltlich und kompositionstechnisch auf Duruflé Einfluss gewonnen hat.

Dieses Werk, das alle Formen der Orgelmusik vom schlichten Interludium bis zum groß angelegten Choral oder einer ausdrucksvollen Fuge enthält, steht zwischen dem Schaffen zweier Generationen, für die hier stellvertretend Duruflés Lehrer und Vorgänger an der Orgel von Sainte-Clotilde, César Franck, und der in vielerlei Hinsicht als sein geistiger Nachfolger anzusehende Olivier Messiaen genannt seien. Franck komponierte u.a. acht Symphonien, vier Opern, symphonische Dichtungen, Kammer- und Klaviermusik und ein umfangreiches Œuvre für Orgel, das noch am bekanntesten sein dürfte.

Von seinem Schüler Maurice Duruflé als geistvoller, jovialer und überschwänglicher Mensch beschrieben, *„dessen Wesen sich ohne Übergang von der Sanftmut zur Raserei wandeln konnte"*, galt Tournemire als kompromissloser Verfechter seiner künstlerischen Ideale. Typisch für Tournemires Geradlinigkeit ist eine Äußerung, die er seinem Schüler Jean Langlais gegenüber gemacht hat, in der er *„alle Musik, die nicht die Verherrlichung Gottes zum Ziel hat"*, kategorisch als *„nutzlos"* bezeichnete. Das Organistenamt war für ihn untrennbar mit dem liturgischen Geschehen verknüpft, die strikte Ausrichtung seines Amtes auf die (vorkonziliare!!) römisch-katholische Liturgie ein wesentlicher Bestandteil seines kompositorischen Selbstverständnisses. Die Aufgabe eines jeden Organisten sah er in der musikalischen Auslegung der liturgischen Texte und gregorianischen Gesänge der jeweiligen Tage des Kirchenjahres. Improvisationen oder geeignete Literaturstücke sollten ihm zufolge die Liturgie kommentieren und ergänzen, aber mitnichten zu einer virtuosen Selbstdarstellung ausarten. Tournemire, welcher der Improvisation den ersten Rang einräumte, beschloss deshalb viele Messen in der tiefen Versunkenheit einer *„douceur de l'extase"*, anstatt das Getöse der aus der Kirche strebenden Menschen mit einer virtuosen „Tour de force" zu übertönen.

Ein Beispiel für diese, dem übrigen Improvisationsusus diametral entgegenstehende Gepflogenheiten ist folgende Anekdote:

„Tournemire beendete eines Sonntags das Nachspiel sehr leise, nur mit einem Bourdon 8' auf dem Schwellwerk. Einem seiner Gäste, der ihm zuflüsterte:

„*Maître, c'est la sortie!*", entgegnete Tournemire nur still lächelnd: „*Oui, mon cher, sortez!*"[8]

Vielen seiner nicht liturgisch bestimmten Werke ordnete er literarische oder religiöse Texte zu – nicht um Programmmusik zu schreiben, sondern um dem Werk einen außermusikalischen, transzendenten Gehalt zu geben – , was auch seinen Hang zur Mystik verdeutlicht. Vor diesem Hintergrund ist die Entstehung von Tournemires Opus Magnum *L'Orgue Mystique* zu sehen. Das in seinen Dimensionen riesenhafte Werk (insgesamt 253 Einzelstücke) wurde von 1927 bis 1932 komponiert und besteht aus 51 Offizien, die in drei Zyklen aufgeteilt sind (Cycle de Noël, N° 1-11, op. 55; Cycle de Pâques, N° 12-25, op. 56; Cycle d'après la Pentecôte, N° 26-51, op. 57).

Über die Entstehung berichtet Langlais:

„*Tournemire hat die einzelnen Hefte des „L'Orgue mystique" komponiert, nachdem er, von der sonntäglichen Messe zurückgekehrt, wieder an seinem häuslichen Schreibtisch saß. Die Improvisationen, die er während der Messe spielte, verarbeitete er aus dem Gedächtnis zu den wunderbaren Kompositionen, die in jedem Heft zu einem Messproprium vereinigt sind.*"[9]

In der letztendlich publizierten Fassung von *L'Orgue Mystique* gibt es, bis auf die Zeiten des Kirchenjahres, in denen die Orgel früher traditionell schwieg (Advent und Fastenzeit), für jeden Sonntag und für ausgewählte Hochfeste ein Offizium. Die Sonntage Gaudete (3. Advent), Laetare (4. Fastenwoche), der Karsamstag und das Fest der unbefleckten Empfängnis Mariens (8. Dezember) bilden eine Ausnahme, da sie trotz des für diese Zeit gebotenen Schweigens der Orgel vertont sind. Jedes Offizium besteht aus fünf Teilen (der Karsamstag ist auch auf Grund seiner liturgischen Exponiertheit mit nur drei Stücken ein Sonderfall): I. *Prélude à l'Introït*, II. *Offertoire*, III. *Elévation*, IV. *Communion* und V. *Pièce terminale*. Diese sind in Dauer und Form den jeweiligen liturgischen Gegebenheiten angepasst und basieren thematisch auf den im Graduale Romanum vorgegebenen Gregorianischen Chorälen. Nur für die *Elévation*, für die es kein einheitliches liturgisches Formular und kein Proprium gab, wählte Tournemire in der endgültigen Fassung kurze Antiphonen aus dem Stundengebet. Dem

---

[8] Interview mit Jean Langlais auf: „Jean Langlais live", CD beim Verlag Günther Lade, Langen, zitiert nach Abbing, S. 48.
[9] Zitiert nach Abbing, S. 46.

Pièce terminale liegen Hymnen, Gradualia oder Gesänge aus dem in Solesmes herausgegebenen *Liber Antiphonarius* zugrunde, das für das Stundengebet der Mönche verwendet wurde. In den längeren Stücken (*Offertoire*, *Pièce terminale*) finden dazu noch weitere dem Stundengebet entnommene oder dem jeweiligen Sonntag fremde Themen (etwa das *Te Deum* oder Themen anderer Sonntage) Verwendung, wodurch Tournemire bestimmte inhaltliche und theologische Aussagen hervorheben wollte. Den Gregorianischen Choral behandelt Tournemire in der Regel sehr frei. Ihm ging es keineswegs um eine notengetreue, dem Original möglichst nahekommende Übertragung, sondern darum, die der Gregorianik eigene Atmosphäre mit musikalischen Mitteln einzufangen und zu paraphrasieren. Die gregorianischen Vorlagen werden selten komplett, sondern überwiegend nur fragmentarisch (z.B. die Antiphonen bei responsorialen Gesängen) vertont. Abschnitte, die den inhaltlichen Kern darstellen, werden dabei herausgegriffen und sowohl musikalisch-verarbeitend als auch inhaltlich-assoziativ miteinander verknüpft. Seine Musik hat somit stets auch eine exegetische, um nicht zu sagen spirituelle Dimension. Tournemire verwendete die Gregorianik in *L'Orgue Mystique* nicht nur als thematische, sondern deren modales System auch als harmonische Grundlage. Hier unterscheidet er sich von vielen anderen Komponisten seiner Zeit, die, sofern sie den Gregorianischen Choral überhaupt verwendeten, ihn oft in ein tonales Korsett zwängten.

Neben den traditionellen Modi, den sog. Kirchentonarten, verwendete Tournemire auch eigene Modi, die er oft miteinander kombinierte oder ineinander modulieren ließ, was an Messiaen erinnert. Die musikgeschichtlich frühe Tendenz zur von der „klassischen" Dur-Moll-Tonalität losgelösten Freitonalität muss hier ebenso erwähnt werden wie die freie Verwendung von Dissonanzen und die oft ungebundene, einem Taktschema zuwiderlaufende Rhythmik. Diesem harmonischen und rhythmischen Stiltypus wird Duruflé in seinen Orgelwerken nicht so sehr folgen. Sehr innovativ war Tournemire auf dem Gebiet der Registrierung. Hier setzte er sich von der bei seinen Zeitgenossen unangefochten praktizierten orchestralen Registrierpraxis der Romantik ab und ging mehr ins Detail. Er fand u.a. durch die häufige Verwendung von Aliquotregistern zu ungewöhnlichen Kombinationen, die sich von dieser überkommenen Praxis entfernen und auch vom Klangideal des am Anfang des 20. Jahrhunderts in Frankreich aufkommenden neoklassischen Orgeltyps beeinflusst sind.

Ein Beispiel hierfür ist die Registrierungsanweisung Flûte douce 4′und Nazard 2 2/3′am Récit (ohne grundlegenden 8′!!) für das zweite Stück aus dem Cycles de

Pâques-Dominica V post Pascha oder die Registrieranweisung ebenfalls für das Récit für den Introitus am Sonntag Laetare im Cycle de Pâques, die mit Gambe 8′, Nazard 2 2/3′ und Octavin einen Spaltklang ohne verbindenden 4′ verlangt. Hier erahnt man die Ansätze der Registriervorstellungen eines Olivier Messiaen (cf. den Zyklus „Nativité") oder eines Jean Guillou.

Ohne bestimmte Register und Spielhilfen ist es deshalb zum Teil kaum denkbar, Tournemires sehr differenzierten Klangvorstellungen zu entsprechen. Oft finden sich in seinen Werken aber auch Angaben, die er selbst auf der Orgel in Sainte-Clotilde nicht realisieren konnte, was verdeutlicht, dass er ständig auf einer „*recherche de sonorités*"[10] war (Vorwort zur *Fantaisie Symphonique* op. 64).

Zuletzt sei der Vollständigkeit halber noch kurz auf die spieltechnischen Innovationen Tournemires hingewiesen, die in der Regel in dem Musterbeispiel des Pedalglissandos der Nr. 1; S. 11, System 3 der „Sept Paroles du Christ" angegeben werden.

Zusammenfassend lässt sich sagen, dass die musikalische Sprache Tournemires sich zum einen durch die Aufnahme und Weiterentwicklung Franck'scher Elemente (z.B. Harmonik, formale Gestaltung) auszeichnet, die sich mit impressionistischen Einflüssen verbinden, und zum andern auch klangliche, harmonische und spieltechnische Neuerungen (z.B. Registrierung, erweiterte Modalität) mit einbezieht, die schon auf Messiaen verweisen.

Tournemire ernannte Duruflé 1920 zu seinem Vertreter in Sainte-Clotilde und bereitete ihn auf die Aufnahmeprüfung für die Orgelklasse am Conservatoire vor. Auf die Frage, für welche musikalische Form Tournemire eine besondere Vorliebe gehabt habe, berichtet Duruflé:

„Ich glaube, die „freie Form" war seine besondere Vorliebe. Er hat z.B. nie die Kombination „Praeludium und Fuge" geschrieben; seine „Paraphrase" war eine Art Kommentar, eine freie Form. Vierne dagegen verwandte klassische Formen in seinen Kompositionen. Der Unterschied zwischen beiden lag sowohl in den Formen als auch in der musikalischen Sprache. Auch improvisierte L. Vierne im Stil seiner geschriebenen Werke, Tournemires Kompositionen unterscheiden sich sehr von seinen Improvisationen. Ich kann nicht behaupten, dass ich sein „L'Orgue Mystique" nicht liebe, aber in seinen Improvisationen war weitaus mehr Leben, temperamentvolle Impulse, die es in „L'Orgue Mystique"

---

[10] I.e. wohl *„Klangsuche"*.

weniger gibt. Man hat da vielmehr den Eindruck von Musik, die am Schreibtisch entstanden ist."[11]

Zu dem Unterschied zwischen Tournemire und Duruflé bzw. über die Gemeinsamkeiten v.a. beim Improvisieren berichtet Marie-Madeleine Duruflé auf die Frage hin, ob Duruflé selber gerne improvisierte:

„In Konzerten nur wenig. Er improvisierte lieber während der Messe, insbesondere bei den stillen Messen. Er improvisierte sehr schön während des Offertoriums und der Kommunion. Das Ergebnis war immer zauberhaft, meist der Gregorianik entlehnt; er hatte wirklich eine gregorianische Seele. Ebenfalls bemerkenswert waren seine Improvisationen zu den „Versets de Vêpres". Es ist wirklich schade, dass diese Tradition heute verschwunden ist. Wenn er die kleine Orgel spielte und den Chor hatte, dann war er selig. Kaum hatte der Chor den letzten gregorianischen Vers beendet, da spielte er schon los (...) Darin glich er stark Tournemire, der viel Anregung aus der Tradition von Solesmes schöpfte und dessen Improvisationen schon zu Lebzeiten berühmt waren. Um noch ein wenig bei Tournemire zu bleiben, seine freien Improvisationen unterschieden sich stark von seiner „Orgue Mystique". Dort erscheint er ein wenig steif und gekünstelt, was in Wirklichkeit aber nicht der Fall war. Er konnte mit unglaublicher Zartheit spielen, aber auch im Tutti war er großartig. Mein Mann hat mir oft Ratschläge für die Interpretation der Improvisationen von Tournemire erteilt. Es ist ganz klar, dass ich diese Stücke vielleicht mit etwas weniger Werktreue gespielt hätte, wenn wir nicht verheiratet gewesen wären. Zu den Improvisationen von Vierne gibt es dagegen nichts zu sagen. Diese Improvisationen entwickeln sich geradlinig, was bei Tournemire nicht der Fall war. Er spielte einfach was er wollte."[12]

1.4. Schüler von Louis Vierne

Vierne sollte die zweite große prägende Künstlerpersönlichkeit in Duruflés musikalischer Entwicklung werden.

---

[11] Interview mit Maurice Duruflé in „The American Organist", November 1980; zitiert nach Hielscher, Hans Uwe (Hg.) „Französische Orgelkunst der Spätromantik", Wiesbaden 1981, S. 28-40, hier S. 37. Diese Schrift ist inzwischen nicht mehr erhältlich und wurde mir freundlicher Weise in Kopie von Herrn Hielscher für diese Arbeit überlassen.

[12] ORGAN-Interview (organ 2/99) a.a.O.

Vierne an der Orgel von Notre-Dame, Paris (1934)[13]

Louis Victor Jules Vierne – am 8. Oktober 1870 in Poitiers geboren, am 2. Juni 1937 in Paris gestorben – wurde blind geboren und mit sieben Jahren an angeborenem grauen Star operiert. 38 Jahre später sollte er am grünen Star erkranken und so wieder erblinden.

1873 wurde sein Vater zum Chefherausgeber des „Paris Journal" ernannt, was den Umzug der Familie nach Paris zur Folge hatte. Dort bekam der junge Louis ein kleines Klavier geschenkt und wurde auch bald seinem Onkel vorgestellt: Charles Colin, Professor für Oboenspiel am Pariser Conservatoire, der den begehrten „Grand Prix de Rome" gewonnen hatte und außerdem Organist war. Es war Colin, der zuerst Viernes musikalische Begabung entdeckte und der darauf drängte, dass der Junge nun im entscheidenden Alter Musikunterricht bekäme.

Doch im Jahre 1875 zog die Familie Vierne nach Lille, wo der Vater nun für den „Memorial de Lille" tätig war. Im darauffolgenden Jahr erhielt Louis dort seinen ersten offiziellen Klavierunterricht; außerdem hatte er seine ersten Unterrichtsstunden in Grammatik, Geschichte, Geographie und Mathematik. Sein Augenleiden erlaubte ihm nur, sehr große Buchstaben zu lesen und mit einem Kreidestück zu schreiben. 1879 kehrte die Familie Vierne nach Paris zurück, wo der Vater nun Herausgeber des „Figaro" wurde. Im Oktober 1880 bekam Louis Privatunterricht bei dem blinden Klavierlehrer Henri Specht, um sich auf den Ein-

---

[13] Quelle: http://www.louisvierne.org/ (übernommen ohne explizite Erlaubnis auf Grund abgelaufenem Copyrights im Jahr 2000).

tritt in das „Institute Nationale des Jeunes Aveugles" (Nationales Institut für junge Blinde) vorzubereiten, wo Specht zu den Lehrkräften für Klavier gehörte. Hier begann nun eine siebenjährige Ausbildung (eine Verlängerung wurde nur sehr begabten Schülern gewährt) mit Studien, die in vier Kategorien eingeteilt wurden: intellektuelle, professionelle (zumeist manuelle Fertigkeiten), musikalische und theologische.

Der Grundkurs im musikalischen Bereich umfasste drei Jahre Solfeggio, drei Jahre Harmonielehre und zwei Jahre Komposition. Klavierspiel war Pflichtfach. Jeder Student musste außerdem ein Orchesterinstrument beherrschen und am Chorsingen teilnehmen.

Vierne bekam hier Unterricht in Orgel bei Louis Lebel, in Violine bei H. Adam und in Kontrapunkt und Fuge bei Adolphe Marty. Wenige Wochen vor dem Juli-Concours im Jahre 1886 (Viernes erster Prüfung vor seinem Idol César Franck) starb sein Vater an Magenkrebs. Trotz seines Kummers beschloss Vierne, das Andenken seines Vaters damit zu ehren, am Wettbewerb teilzunehmen, aus dem er dann als Gewinner der Ersten Preise in den Fächern Violine und Klavier hervorging. César Franck, dem das große Talent des jungen Mannes aufgefallen war, versprach ihm, ihn als Schüler am Conservatoire aufzunehmen, sobald er sein Studium am Institut beendet haben würde.

Nach dem Juli-Concours des Jahres 1888 bekam Vierne einmal wöchentlich Privatunterricht bei Franck in Kontrapunktlehre und ihm wurde zudem erlaubt, als Zuhörer in Francks Orgelklasse am Conservatoire teilzunehmen. Damit entwickelte sich für Vierne eine Verbindung, die für ihn von profunder musikalischer und menschlicher Bedeutung werden sollte.

Ein erstes Verlängerungsjahr am Institut begann für Vierne im Herbst 1888, als er auch das Orgelspiel in der dortigen Kapelle während der Gottesdienste übernahm. Mittwochs, donnerstags und samstags nahm er morgens an Francks Orgelunterricht im Conservatoire teil. Ab 1890 studierte Vierne dann „offiziell" bei César Franck und Charles Marie Widor. Im Oktober 1891 bat ihn Widor, die Gasthörer seiner Klasse in den Fächern Improvisation, Fuge und Choralbegleitung zu unterrichten, um sie auf die Aufnahme als ordentliche Studenten vorzubereiten. Schließlich ernannte er Vierne im Februar 1892 zu seinem Assistenten an St.-Sulpice, eine Position, die Vierne bis 1900 wahrnahm.

Auf den Tod des Conservatoire-Direktors Ambroise Thomas im März 1896 folgte eine Neuorganisation der Lehrkräfte im Conservatoire: Théodore Dubois wurde zum neuen Direktor ernannt. Widor übernahm deshalb dessen Amt als Professor für Komposition und ernannte Alexandre Guilmant (1837-1911) als seinen eigenen Nachfolger im Lehramt unter der Bedingung, dass dieser Vierne als Assistenten mit übernehmen würde. 1900 wurde Vierne Titularorganist an „Notre-Dame", Paris und ab 1911, da er nach dem Tod Guilmants nicht die erhoffte Nachfolgerstelle bekam, unterrichtete er die Meisterkurse Orgel an der Schola Cantorum Paris.

Im Widerspruch zu dieser beruflichen Karriere als Konzertorganist und Komponist stehen die privaten Krisen Viernes: sein Augenleiden, sein ständig labiler Gesundheitszustand – er erkrankte 1907 an Typhus, im Jahr zuvor hatte er einen schlimmen Sturz erlitten, infolge dessen er mehrere Monate nicht spielen konnte –, seine gescheiterte Ehe und der unüberwindliche Verlust seiner zwei wichtigsten Bezugspersonen, seiner Mutter und Widor 1911. So wurde zunehmend Duruflé eine wichtige Bezugsperson an Viernes Seite.

Vierne galt als geborener Improvisator. Seine musikalische Sprache zeichnet sich durch unfehlbare Sicherheit in der Harmonie, Eleganz des Kontrapunktes und dem Sinn für verfeinerte Chromatik aus.[14]

Der Unterschied zwischen Widor und Vierne in der Orgelsymphonik kann darin gesehen werden, dass Widor stilistisch noch mehr in der Romantik verhaftet ist, während Vierne im impressionistischen Stil (Debussy, Fauré, Ravel) komponierte, obwohl er diese Richtung nicht mochte. Spätestens ab der dritten Orgelsymphonie in fis-Moll, op. 28 von 1911 kommt der persönliche Stil Viernes zum Ausdruck, wenn er sich harmonisch zunehmend von der funktionalen Musik hin zur freitonalen Harmonik bewegt. Dadurch findet auch, wie oben schon erwähnt, zunehmend die Chromatik Verwendung, die die Tonalität immer mehr hin zu einer aufzufassenden Atonalität durchbricht. Ein großer musikalischer Impuls war für Vierne 1889 die Weltausstellung in Paris über fernöstliche Musik.

Das Urteil von Vierne über Duruflé zeigt sich in einer Textpassage aus Viernes „Souveniresˮ, der nach Duruflés Studium bei Vierne und am Conservatoire entstanden ist[15]:

---

[14] Cf. Artikel „Vierne" in „Musik in Geschichte und Gegenwart", a.a.O.
[15] Vierne, Louis: „Mes souvenirs" in „L´Orgue", Nr. 134, zitiert nach Abbing, S. 67 f.

„Maurice Duruflé, auch ein Schüler von Tournemire, erscheint mir als der glänzendste und eigenständigste unter den Organisten der jungen Generation. Wir haben hier eine ganz und gar abgerundete Musikerpersönlichkeit vor uns: ein Spieler ersten Ranges, ein Improvisator von reicher und mannigfaltiger Erfindungsgabe, empfindsam und ein Poet wie man sich ihn wünscht, dazu ausgestattet mit den Gaben des Komponisten von seltener Ausprägung. Im Conservatoire sammelt er sämtliche ersten Preise: Harmonielehre, Klavierbegleitung, Orgel, Fuge, Komposition. Er ist der erste Laureat des Preises für Interpretation und gehobene Improvisation und ebenfalls Träger des Kompositionspreises der Vereinigung „Les Amis de l'Orgue". Sein glänzender Orgelwettbewerb 1929 im Temple de l'Etoile ist noch in aller Gedächtnis; desgleichen findet sich sein „Triptyque sur le Veni Creator", das ihm den Kompositionspreis der genannten Vereinigung eintrug, im Repertoire derjenigen Künstler, die es spielen können, und im Notenschrank der anderen. Ein entzückendes Scherzo und eine wundervolle Suite in drei Sätzen für Orgel vervollständigen das derzeit vorliegende Werk Duruflés für sein Lieblingsinstrument. Diese Musik erregt Aufmerksamkeit durch eine absolute Freiheit der Tonsprache, eine völlige Verachtung jeglichen, um seiner selbst willen zur Schau gestellten Kunstgriffes, durch eine reiche gedankliche Tiefe und eine solide Formgebung, die in nichts den empfindsamen Gefühlserguss lähmt, noch das Pittoreske im Detail. Diese Kunst spiegelt ein starkes Innenleben wider, das, mit seltener Empfindsamkeit, durch vollkommen angemessene Mittel zum Ausdruck kommt. Ihre Modernität – zuweilen gesagt – rechtfertigt sich völlig durch die Art der Gefühlsregungen, die sie vermitteln will; das ist über die Maßen selten. (...)"

Deutlich wird die mehrmalige Hervorhebung des empfindsamen Moments in den kunstvollen und keineswegs nur auf äußere Schau gestellten Kompositionen. Prof. Kaunzinger verglich beide Lehrer wie folgt und zog nachstehende Schlussfolgerung bezüglich ihres Einflusses auf Duruflé:

„Sicher waren beide, Tournemire und Vierne, völlig different. Tournemire huldigte einer anderen Harmonik. In seinen Improvisationen war er übrigens tonal wesentlich moderater – immer inspiriert vom Gregorianischen Choral. Duruflé übernahm von Tournemire das Melisma, wobei seine Harmonik, die auch modal beeinflusst ist, dann doch eine Verfeinerung in Richtung Impressionismus auf-

weist. Es gibt viel Gemeinsamkeiten zu Ravel, der harmonisch aber weiter ging. Duruflé galt damals als die Autorität für die Musik Viernes."[16]

Über den „Wechsel" von Tournemire zu Vierne berichtete Duruflé einmal:

„Ja, als ich 1930 Tournemire verließ (...) Eigentlich habe ich ihn ja nicht verlassen, sondern er hat mich gehen lassen (er lacht). Tournemire war ein sehr launischer Mann. Er konnte sehr liebenswürdig und charmant sein, im nächsten Augenblick Sie aber auch vor den Kopf stoßen! So war Tournemire, entweder so oder so, ein Mann der Extreme. So kam es, dass er mich eines Tages hinauswies und ich ging. Der Grund: Ich gab nicht all seinen Wünschen nach. Eines Tages konnte ich ihn nicht in Sainte-Clotilde vertreten, weil ich eine Trauung in einer anderen Kirche zu spielen hatte. Zu der Zeit war ich auch Organist in einer Kirche nahe meiner Geburtsstadt. Tournemire spielte nur sonntags in Sainte Clotilde. Punktum. Das war alles. Er spielte keine Trauungen etc., sondern übertrug all das mir. Deshalb ging ich einmal zu ihm und sagte: „Maître, es tut mir leid, aber diesmal kann ich Sie nicht vertreten, ich habe eine andere Verpflichtung." Das einzige, was er entgegnete war: „Hinaus" (lacht) So war er. Ich war bedrückt, deshalb ging ich zu Vierne, dem ich durch den Organisten Jean Jacob vorgestellt wurde. Vierne war die Güte selbst, ganz im Gegensatz zu Tournemire. Viernes Stimmung war immer gleich. Sie konnten ihn in derselben Verfassung vorfinden, in der Sie ihn verlassen hatten. Das war ein erfreulicher Wechsel, denn wenn man zu Tournemire ging, wusste man nie, was einen erwartete. So arbeitete ich mit Vierne, und er war ein hervorragender Lehrer. Er ging sehr methodisch vor, ganz anders als der impulsive Tournemire mit seinem feurigen Temperament."[17]

1.5. Das Studium am Conservatoire Paris

Sein Studium absolviert Duruflé in den Klassen von Gigout (Orgel), Jean Gallon (Harmonielehre), César Abel Estyle (Begleitung, Blattspiel und Partiturspiel), Georges Caussade (Fuge) und Paul Dukas (Komposition). Während zuvor seine

---

[16] Aus „Interview mit Prof. Günther Kaunzinger aus Anlass des 10. Todestages von Maurice Duruflé" in *musica sacra* 116/6 von 1996.
[17] Interview mit Maurice Duruflé in „The American Organist", November 1980, zitiert nach Hielscher, Hans Uwe (Hg.) „Französische Orgelkunst der Spätromantik", Wiesbaden 1981, S. 36.

zwei Orgellehrer einen starken Einfluss auf Duruflé ausübten, so ist es am Conservatoire sein Kompositionslehrer Paul Dukas. Duruflé berichtet selbst, dass er lieber bei Dupré studiert hätte als bei Gigout, dem Titularorganisten an der Kirche St. Augustin.

„Ja, Gigout war zu der Zeit Professor für Orgel; Dupré wurde es 1926, und ich bekam meinen Ersten Preis 1922. Ich habe immer bedauert, nie bei Dupré studiert zu haben. Ich hätte sehr viel lieber mit ihm als mit Gigout gearbeitet, der zwar ein netter Mann war. Aber dar war`s dann auch. Ich begann meinen Unterricht bei Vierne im Jahr 1921, und er war es, der mich auf den „Concours" vorbereitete, denn Tournemire hatte mich zu der Zeit schon hinausgeworfen."[18]

Erwähnenswert ist noch, dass Jean Gallon die sogenannte „harmonie fleurie" lehrte, was die Möglichkeit gab, die Akkorde mit einem Rankenwerk von harmoniefremden Noten zu umspielen. Dieses Prinzip übernahm Duruflé für seine Kompositionen, er folgte aber sonst v.a. seinem Kompositionslehrer Paul Dukas.

Paul Dukas (1865-1935)[19]

Paul Dukas – geboren am 1. Oktober 1865 in Paris, gestorben am 17. Mai 1935 ebenda – studierte am Pariser Conservatoire als Schüler von Théodore Dubois (Harmonielehre), G. Mathias (Klavier) und Ernest Guiraud (Komposition). 1888 gewann er in dieser Kompositionsklasse, in der auch Debussy sein Mitstudent

---

[18] Interview mit Maurice Duruflé in „The American Organist", November 1980; zitiert nach Hielscher, Hans Uwe (Hg.) „Französische Orgelkunst der Spätromantik", Wiesbaden 1981, S. 36.
[19] Quelle: http://www.epdlp.com/dukas.html (urheberrechtlich nicht geschützt).

war, einen zweiten großen Rompreis. Ein unverdienter Misserfolg beim Wettbewerb des folgenden Jahres jedoch veranlasste ihn, vom Conservatoire abzugehen und jede Beziehung zum akademischen Unterricht abzubrechen, um privat weiter zu studieren. Er veröffentlichte nur eine beschränkte Anzahl von Werken, die sich aber alle durch Originalität auszeichnen. Am 18. Mai 1897 errang er mit der Uraufführung seines sinfonischen Scherzos nach einer Ballade von Goethe einen großen Erfolg. Daneben war er auch als Musikkritiker bei verschiedenen Pariser Zeitungen tätig. Ab 1928 war Dukas Professor der Kompositionsklasse am Pariser Conservatoire und wurde 1934 zum Mitglied der Akademie der schönen Künste berufen.

Der wagnerbegeisterte Komponist zeichnete sich durch vollendete Technik aus. Seine melodischen Themen zeugen von Reichtum und Mannigfaltigkeit und sind stets geschlossen. Seine scharfe Rhythmik belebt seine Kompositionen, die in einer tonal konventionellen Harmonik gehalten sind, aber im Klang originell erscheinen.

Zu seiner Orchestrierung ist zu sagen, dass er die Instrumente massiv und nicht nach Farben aufgesplittert einsetzt. Er fasst die von der Romantik herkommenden Tendenzen mit den künstlerischen Absichten des 20. Jahrhunderts zusammen und hinterließ – ähnlich Duruflé – auf Grund seiner scharfen Selbstkritik nur ein kleines Werk.

Über Dukas gab Duruflé einmal folgendes Urteil ab:

„Eigentlich inspirierte er uns weniger, sondern lehrte uns eher das Fürchten! Er war so streng, daß es für uns manchmal schon entmutigend war. Alles, was er sagte, war so immens wichtig, daß wir uns sehr konzentrieren mußten. Zu der Zeit legte Messiaen schon interessante Werke vor. Dukas riet jedem einzelnen, seinen Weg zu gehen, seine eigene Sprache zu finden. Er zwang uns zu keiner speziellen „Richtung", unsere Musik zu schreiben."[20]

Duruflés musikalische Weiterentwicklung am Conservatoire wurde mit fünf ersten Preisen gewürdigt, die schon früh auf seine herausragende Komponistenbegabung hinwiesen und ihn ermutigten, nicht nur den Weg des Interpreten, sondern auch den des Komponierenden weiterzuverfolgen. Es sind dies die ers-

---

[20] Interview mit Maurice Duruflé in „The American Organist", November 1980; zitiert nach Hielscher, Hans Uwe (Hg.) „Französische Orgelkunst der Spätromantik", S. 35.

ten Preise in Orgel (1922), Harmonielehre (1924), Klavierbegleitung (1926), Kontrapunkt und Fuge (1928) und Komposition (1928).

In dieser Zeit entstanden auch seine ersten Kompositionen, wie sein „Scherzo" op. 2 für Orgel 1926. Auf dieses Werk, Charles Tournemire gewidmet, wird, wie auf alle Orgelwerke, im Analyseteil noch weiter eingegangen werden. 1927 folgte das unveröffentlichte „Triptyque", op. 1 für Klavier, hierauf 1928 „Prélude, Récitatif et Variations, op. 3 für Flöte, Viola und Klavier. Dieses einzige Kammermusikwerk, das Duruflé Jacques Durand widmete, wurde am 12. Januar 1929 in der „Société Nationale de musique" von Marcel Moyse, Maurice Vieux und Jean Doyen uraufgeführt. Es steht ganz im Geiste der Spätromantik, zeichnet sich ebenfalls durch modal gefärbte Harmonien aus und besticht durch seine aparte Besetzung.

1930 entstand das seinem Orgellehrer Vierne gewidmete „Prélude, Adagio et Choral varié sur le Veni Creator", op. 4 für Orgel, das den Kompositionspreis der Orgelfreunde enthielt. Schon 1929 erhielt Duruflé einen Preis der Orgelfreunde, nämlich für Orgelliteraturspiel und Improvisation.

Aufgrund einer intensiven Zusammenarbeit mit Louis Vierne, dessen Unterricht er auch während seines Studiums noch besuchte, wurde er ab 1927 dessen Stellvertreter an Notre-Dame.

1929 empfahl Vierne Duruflé sogar dem Erzbischof von Paris für die vakante Organistenstelle an St. Vincent-de-Paul. Diese Empfehlung nahm der Erzbischof allerdings nicht an.

1.6. Komponist und Organist an Saint-Étienne-du-Mont

Die Kirche Saint-Étienne-du-Mont, Paris[21]

Im Jahre 1930 wurde er dafür zum „Organist Titulaire" von Saint-Étienne-du-Mont ernannt. Er übernahm die Orgel, die sich zunächst in einem schlechten Zustand befand. Kriegsbedingt begann die Restaurierung aber erst 1956.

---

[21] L'église St-Etienne-du-Mont, vers 1920 (cliché E. Dumonthier aimablement communiqué par Denis Havard de la Montagne). Mit freundlicher Genehmigung von Denis Havard de la Montagne, rédacteur en chef de Musica et Memoria et du dite www.musimem.com.

Die Orgel in Saint-Étienne-du-Mont[22]

Die Orgel von Saint-Étienne-du-Mont wurde 1636 von Pierre le Pescheur gebaut und besaß 34 Register auf 4 Manuale verteilt und ein Pedal mit 32 Tasten[23]. 1771 wurde sie vergrößert und restauriert von Nikolas Somer, dann durch François-Henri Cliquot. Auch Aristide Cavaillé-Coll führte Reparaturen am Instrument durch und verringerte die Manualzahl auf drei. 1927 hatte die Orgel, von Vierne als „schrecklicher Kuckuck"[24] bezeichnet, folgende Disposition:

Positiv (I. Manual, 54 Töne): Montre 8′, Bourdon 8′, Flûte harmonique 8′, Praestant 4′, Doublette 2′, Nazard 2′ 2/3, Tierce 1′ 3/5, Plein-jeu 3 rgs., Trompette 8′, Basson 8′, Cormorne 8′.
Grand Orgue (II. Manual, 54 Töne): Montre 16′, Bourdon 16′, Montre 8′, Flûte harmonique 8′, Gambe 8′, Bourdon 8′, Praestant 4′, Dulciana 4′, Doublette 2′, Cornet, Mixture 3 rgs., Cymbale 3 r., Bombarde 16′, Trompette 8′, Clairon 4′.
Récit expressif: (III. Manual, 54 Töne): Flûte traversière 8′, Bourdon 8′, Gambe 8′, Voix céleste 8′, Viola 4′, Flûte octaviante 4′, Octavin 2′, Voix humaine 8′, Hautbois 8′, Trompette 8′, Clairon 4′.
Pedal (30 Töne): Flûte 16′, Flûte 8′, Bombarde 16′, Trompette 8′, Clairon 4′.

---

[22] Photo: Peter Heman, Bâle mit freundlicher Genehmigung von www.organist.com [Stand 2002].
[23] Alle Angaben nach einer eigenen Übersetzung von François Sabatier „Die Orgeln von Maurice Duruflé" in L'Orgue Nr. 45 von 1991.
[24] Cf. Abbing et supra.

Orage, Tirasse (Koppel) Hauptwerk, Réc. en 16; Appels GPR, Pos/GO, Réc/GO, Expr. Récit. Tremolo.

Eine umfangreiche Restaurierung erwies sich also als notwendig und drei Sachverständige, Louis Vierne, Charles Tournemire und André Marchal wurden zu diesem Zweck schon 1932 berufen. Mit den Arbeiten wurde die Firma Gloton beauftragt, welche dann später in die Firma Beuchet-Debierre überging. 1938 wurde mit der vollständigen Demontage des Instruments begonnen. Im Krieg und während der Besatzungszeit wurden die Arbeiten unterbrochen und das gesamte Projekt konnte erst im Jahr 1945 endlich wieder aufgenommen werden. Inzwischen bestand der Orgelbauausschuss neben Duruflé noch aus Marcel Dupré, Norbert Dufourcq und Félix Raugel. Folgende Innovationen wurden dabei mit in die Renovierung aufgenommen: Anordnung des „Écho expressif" mit 14 Registern in einem Turm, Elektrifizierung, Errichtung eines Spieltischs gelegen auf einer Tribüne des nördlichen Seitenschiffs, Ergänzung der Disposition auf 83 klingende Register, zu denen zwei Transmissionen hinzukamen und fünf Auszüge im Pedal. 1956 wurde die Orgel eingeweiht und hatte folgende Disposition, die Duruflé selbst notiert hatte[25]:

Grand Orgue (I. Manual, 61 Töne): Montre 16', Bordun 16', Montre 8', Principal 8', Flûte harmonique 8', Bordun 8', Praestant 4', Flûte à cheminée 4', Doublette 2', Quint, Cornett 3-5 rgs., Mixture 4 rgs., Cymbale 3 rgs., Bombarde 16', Trompette 8', Clairon 4'.
Positiv (II. Manual, 61 Töne): Principal 8', Flûte creuse 8', Bourdon à cheminée 8', Praestant 4', Flûte 4', Doublette 2', Nazard 2' 2/3, Tierce 1' 3/5 , Larigot 1' 1/3, Septième 1' 1/7, Piccolo 1', Plein-jeu 4 rgs., Cromorne 8', Trompette 8', Clairon 4', Chalumeau 4'.
Récit expressif (III. Manual, 61 Töne): Quintaton 16', Principal italien 8', Gambe 8', Cor de nuit 8', Voix céleste 8', Fugara 4', Flûte 4', Quarte des Nazard 2', Octavin 2', Tierce 1' 3/5, Fourniture 4 rgs., Cymbale 3 rgs., Bombarde 16', Trompette harmonique 8', Basson-hautbois 8', Voix humaine 8', Clairon 4'.
Écho expressif (IV. Manual, 61 Töne): Dulciane 16', Principal 8, Cor de chamois 8', Bourdun 8', Unda maris 8,' Principal 4', Flûte conique 4', Doublette 2', Sesquialtera 2 rgs., Plein-jeu 4 rgs., Trompette 8', Hautbois 8', Clairon 4', Régale 4'.
Echo-Pedal: geteilte Bourduns 16' und 8'.

---

[25] Maurice Duruflé: „La Restauration du grand orgue de Saint-Étienne-du-Mont" (Die Restaurierung der Orgel von Saint-Étienne-du-Mont), L'Orgue, Nr. 90, 1959.

Pedal: (32 Töne): Soubbasse 32′, Soubbasse 16′, Soubbasse 8′ (durch Teilung), Principal 16′ (Transmission der G.O.), Flûte 16′, Principal 8′, Flûte 8′, Principal 4′, Flûte 4′, Doublette 2′, (Transmission von der Mixtur des Pedals), Flûte 2′, Grande Quinte 10′ 2/3, Grande Tierce 6′ 3/5, Grande Septième 4′ 4/7, Quinte ouverte 5′ 1/3, Tirce 3′ 1/5, Nazard 2′ 2/3, Fourniture 4 rgs., Bombarde 16′, Trompette 8′, Clairon 4′, Basson16′, 8′, 4′ (durch Teilung).

Man kann die Qualität[26] dieser Orgel anhand mehrerer Schallplattenaufnahmen beurteilen, die von Maurice und Marie-Madeleine Duruflé aufgenommen wurden. Interessanterweise war aber wohl Marie-Madeleine Duruflé von der renovierten Orgel auch nicht besonders angetan:

„Von Saint-Étienne-du-Mont war ich, wie ich zugeben muss, nach der ersten Restaurierung von 1958 sehr enttäuscht. Der Klang war schrill und scharf. Der Intonateur war nicht der, dem die Aufgabe eigentlich hätte übertragen werden sollen. Aber nachdem Bernard Dargassis die Orgel 1992 erneut restauriert hat, ist sie einfach wunderbar."[27]

Zwischen 1929 und 1932 entstanden die „*Trois Danses*" (Drei Tänze), op. 6 für Orchester (Divertissement, Danse lente, Tambourin), die am 18. Januar 1936 unter Paul Paray, dem Duruflé auch dieses Werk widmete, aufgeführt wurden. In diesem Werk zeigt sich eindrucksvoll Duruflés Orchestrierungskunst, die er bei Dukas erlernt hatte. Im ersten Satz, dem *Divertissement*, offeriert sich der Impressionist Duruflé, der die ganze typische Klangpalette ausnutzt. Vielstimmige, teils auch zarte Streicherklänge vermischen sich mit den zarten Arpeggien der Harfe und schaffen einen Klangteppich, aus dem sich ein „Scherzo-Thema" erhebt. Hier tritt diesem ein zweites hinzu und führt zu einer großen dynamischen Steigerung, ehe der Satz so verklingt, wie er begonnen hat.

Der zweite Satz mit der Betitelung „Danse lente" ist eine typische französische Kantilene, begleitet von Streicherpizzicati. Nach einem Stimmungsbruch, hervorgerufen durch Sechzehnteltriolenmotive, wird in den Celli ein zweites kantilenenhaftes Thema vorgestellt, das vom Orchester übernommen und weitergeführt wird.

---

[26] Zum Prinzip der Orgel u.a. auch im Kontext einer Idealorgelvorstellung Duruflés cf. den Absatz „*Duruflé als Organologe*".
[27] ORGAN-Interview (organ 2/99).

Der dritte Satz „Tambourin" ist die extrovertierteste und unbeschwerteste Komposition Duruflés. Hierfür schreibt er sogar die Verwendung eines Alt-Saxophons vor.

Dieses Werk weist Duruflé als einen Meister der Orchestration aus, einem Unterrichtsschwerpunkt des Kompositionsunterrichtes bei Dukas, wie aus den Schilderungen Messiaens tradiert ist. Die Tonsprache zeigt sich hier aber bereits nicht so avantgardistisch wie bei seinen Zeitgenossen sondern, obwohl stark verbunden mit der Musik der Impressionisten Ravel und Debussy, tonal orientiert. Über Duruflés Meinung zur atonalen Musik hat Daniel Roth[28] geäußert: „*Die Musik liegt in der Form, nicht im Effekt*". Dies stellt einen ganz wichtigen Gesichtspunkt dar, der bei der Analyse der Orgelwerke Duruflés wieder aufgegriffen werden muss. Auch wenn diese Komposition keine gregorianischen Themen zitiert, scheint die Musik doch durch die modale Tonsprache von der Gregorianik inspiriert zu sein.

1932 heiratete Maurice Duruflé Simone Bousquet. Diese Ehe wurde 1947 annulliert. Im Jahr darauf schrieb Duruflé die „*Suite pour Orgue*", op. 5 (Suite für Orgel) mit den Sätzen Prélude, Sicilienne und Toccata. Bei diesem Werk mit dem Widmungsträger Paul Dukas zeigt sich Duruflé als Meister der Registrierung, der „Orchestrierung auf der Orgel".

1935 spielte Duruflé die Uraufführung von Viernes sechster Symphonie in Notre-Dame.

„Die Freude über die Interpretation der sechsten Symphonie durch Maurice Duruflé war unvergleichlich; es war die Perfektion im wahrsten Sinne des Wortes: ich empfand bewegende Gefühle. Zum letzten Male wird mir diese Genugtuung am 2. Juni 1937 vorbehalten sein, wenn mein Schüler und Freund Maurice Duruflé an meinem wunderschönen Instrument seinen „concours" ablegen wird."[29]

---

[28] Daniel Roth (geb. 1942), Schüler in der Harmonielehreklasse Duruflés am Conservatoire Paris, seit 1986 Titularorganist an St. Sulpice und Professor für Orgel an der Musikhochschule Frankfurt/Main. Zitiert nach Abbing, S. 76.

[29] Vierne, Louis: „Mes Souvenirs", in „L'Orgue-Cahiers et Mémoires" ; Nr. 134/1970 ; zitiert nach Abbing, S. 85 f.

Maurice Duruflé im Jahre 1936[30]

1936 erhielt er den Preis der Fondation Blumenthal für sein musikalisches Wirken. Am 2. Juni 1937 verstarb Louis Vierne an „seiner" Orgel in Notre-Dame, kurz vor der Schlussimprovisation über dem gregorianischen Hymnus „Salve Regina". Sein Schüler Maurice Duruflé, mit dem Vierne dieses Konzert für die Gesellschaft „Amis de l'Orgue" gab, wurde Zeuge dieses zugleich tragischen wie ungewöhnlichen Todes seines bewunderten Lehrers.

Nach und nach wurde Duruflé auch in Russland und Amerika bekannt und damit ein überzeugender Botschafter der französischen Orgeltradition. Im Jahre 1939 begegnete er Francis Poulenc (1839-1963) und spielte am 21. Juni die Uraufführung von dessen g-Moll-Concerto für Orgel in der Salle Gaveau in Paris, während Roger Desormière das Orchester dirigierte. Für Poulencs Orgelpart gab er während der komponierenden Phase maßgebliche Impulse v.a. bei der Angabe der Registrierung und der orgelsatztechnischen Probleme. Marie-Madeleine Duruflé berichtete über die Zusammenarbeit zwischen Poulenc und Duruflé:

„Er (i.e. Duruflé) hat die gesamte Registrierung des Konzerts übernommen. Poulenc hörte, was er haben wollte und teilte es meinem Mann mit, der es aufschrieb."[31]

---

[30] Maurice Duruflé en 1936 (photo Studio Harcourt, aimablement communiquée par Denis Havard de la Montagne). Mit freundlicher Genehmigung von Denis Havard de la Montagne, rédacteur en chef de Musica et Memoria et du dite www.musimem.com.

[31] ORGAN-Interview (organ 2/99), a.a.O.

Am 17. November 1940 wurde Duruflés Orchesterwerk „*Andante et Scherzo*", op. 8 unter der Leitung von Charles Münch mit dem „Orchestre de la Société des Concerts du Conservatoire" uraufgeführt. Dieses Werk, Henri Tomasi gewidmet, stellt eine Umarbeitung und Orchestrierung des Orgelwerkes „*Scherzo*" op. 2 für Orchester dar. Die motivische Verwandtschaft des Adagio zum Scherzo gewinnt Duruflé, indem er aus dem Initialthema des Scherzos das Triolenmotiv herausnimmt und im Andante daraus die Begleitung für die Melodieinstrumente macht. Im gleichen Jahr erfuhr er vom Tode seines Freundes und Kollegen Jehan Alain, der in Petit-Puy-Samur "in einem verwegenen Versuch fiel, seine Heimat zu verteidigen". Als Nachruf schrieb er „*Prélude et Fugue sur le nom d'ALAIN op. 7*", in dem er das Thema aus den Buchstaben ALAIN gewinnt und als zweites Motiv aus den *Litanies* des verstorbenen Musikers zitiert. Dieses Werk führte er am 26. Dezember 1942 im Palais de Chaillot auf.

1.7. Lehrer am Conservatoire

1942 übernahm Duruflé die Stellvertretung von Marcel Dupré in der Orgelklasse des Konservatoriums, im Jahr darauf wurde er zugleich zum „Professeur titulaire"[32] für Harmonielehre am Konservatorium von Paris ernannt und behielt diese Stelle bis 1970. Als höchst anspruchsvoller Künstler mit einer sehr persönlichen Konzeption über kompositorisches Schaffen war er seinen Schülern gegenüber streng und erwartungsvoll. Diesen Anspruch stellte er auch an sich selbst: Er war ein ewig Suchender, der in seiner Kultiviertheit und Kenntnis der „Spielregeln" doch immer wieder den Mut aufbrachte, diese Regeln zu überschreiten, neues Land zu betreten, wobei – wie noch zu zeigen sein wird – die Gregorianik für ihn dabei unerschöpfliches Tonmaterial war.

---

[32] I.e. „ordentlicher Professor".

Die Harmonielehreklasse von Maurice Duruflé[33]

Unter den zahlreichen Preisträgern seiner Klasse sind besonders Laurence Boulay, Françoise Le Gonidec, Marie-Claire Alain, Odile Pierre, Pierre Cochereau, Claude Terrasse, Xavier Darasse, Christian Gouinguené, Pierre Baudry, Henri Bert, Jean Guillou, Daniel Roth und Philippe Lefebvre zu erwähnen. In seiner Klasse lernte er auch seine spätere Frau, Marie-Madeleine Chevalier kennen. Sie berichtete über Duruflé als Lehrer:

„Duruflé war damals seit 1941 Dozent für Harmonielehre am Konservatorium. Er war auch Duprés Assistent in der Orgelklasse, wenn Dupré zu seinen großen, prestigeträchtigen Auslandstourneen aufbrach. Maurice Duruflé hatte eine musikalische „Besonderheit", die wir gern in Anspruch nahmen: Wenn wir nämlich César Franck spielen wollten, sagte uns Dupré nicht viel dazu; er mochte es nicht, wenn jemand zuviel Aufhebens um ihn machte. Überhaupt mochte er Leute nicht, die zuviel Wind machten. Dagegen wußte Duruflé genau, wie er uns diese Musik näher bringen konnte. Zwischen ihm und César Franck bestand eine direkte Verbindung durch Tournemire. Für uns war das sehr aufschlussreich; das Interessante bestand darin, zwei Lehrer mit so unterschiedlichen Vorstellungen und Persönlichkeiten zu haben. Man kann das gar nicht genug betonen. Der eine war so faszinierend wie der andere, beide waren sie Vollblutmusiker, mit umfassender musikalischer Bildung. Das mußte man erst einmal gehört ha-

---

[33] 1956, classe d'harmonie de Maurice Duruflé au CNSM de Paris (photo P. Dannès, collection Thérèse Brenet/Denis Havard de la Montagne). Mit freundlicher Genehmigung von Denis Havard de la Montagne, rédacteur en chef de Musica et Memoria et du dite www.musimem.com.

ben, wie Dupré in St. Sulpice eine Fuge mit obligatem Gegenthema improvisierte, das er von Anfang bis Ende durchhielt. War es Duruflé, der das Fugenthema vorgab, dann war das hinreißend; die Musik selbst!"[34]

1945 starb Maurice Duruflés Vater Albert. Unter diesem Eindruck vollendete er 1947 sein berühmtes, bereits erwähntes „Requiem pour soli, choeurs, orchestre et orgue à la mémoire de mon père" op. 9, welches wohl als sein chorisches Hauptwerk bezeichnet werden kann. Es ist offenkundig in seiner Form, Textauswahl und theologischen Grundaussage – Duruflé verzichtet wie Gabriel Faurés, den er sehr verehrte und der ihn stark beinflusste, fast vollständig auf die apokalyptische Dimension des Textes und die Darstellung des Endzeitgerichts, sondern betont stattdessen die kontemplativen, introvertierten Facetten des Textes. Wie so oft bei den Werken Duruflés basiert es auf gregorianischen Themen – hier dem Proprium der Totenmesse selbst. Neben der Originalfassung für großes Orchester und Orgel, die 1950 bei Durand erschien, richtete der Komponist zwei weitere Fassungen ein, zunächst mit Orgelbegleitung (diese erschien 1948 bei Durand) und später für Orgel und Kammerorchester, die dem Werk vielleicht am besten entspricht und 1951 bei Durand erschien. Dieses Requiem wurde am 2. November 1947 unter der Leitung von Roger Desormière mit Hélène Bouvier, Camille Maurane und dem Chor und Orchester des Radio France aufgeführt. Eine zweite Aufführung erfolgte am 28. Dezember vom „Orchestre Colonne", Hélène Bouvier, Charles Cambon unter der Leitung von Paul Paray. 1952 erfolgte eine Ausgabe zweier Choraltranskriptionen für Orgel nach den Kantaten BWV 22 und 147 von Bach.

Das Requiem zeichnet sich durch einen tröstenden kontemplativen Charakter aus und gibt dramatischen Passagen nur wenig Raum. Daher herrscht eine sanfte, spirituelle Atmosphäre vor. Die farbenreiche Orchestrierung erinnert dabei an den französischen Impressionismus. Originell ist vor allem die Verwendung der Melodien der gregorianischen Totenmesse, die in jedem Teil wiederzuerkennen sind und den musikalischen Verlauf bestimmen. Während in einigen Teilen (z.B. In Paradisum) die gregorianischen Melodien unverändert übernommen und bloß mit einer originellen Harmonisierung versehen sind, werden sie an anderer Stelle zuerst zitiert, dann aber umspielt, variiert oder durchgeführt (z.B. Domine Jesu Christe). Bemerkenswert ist zudem, dass die charakteristische, geschmeidige Rhythmik der Gregorianik mit akkuraten Taktwechseln sehr genau nachge-

---

[34] Organ-Interview; organ 2/99, a.a.O.

ahmt wird. Die Eigentümlichkeit des Requiems besteht in der höchst persönlichen Synthese solch heterogener Einflüsse wie gregorianischer Melodik, barocker Polyphonie und impressionistischem Klangbild. Als bedeutendstes Werk von Maurice Duruflé wird sein Requiem für Soli, Chor, Orgel und Orchester weltweit anerkannt.

Im Jahr 1952 entstanden zwei Transkriptionen zweier Kantatensätze Johann Sebastian Bachs für die Orgel, nämlich die Arie „Ertöt' uns durch dein' Güte" aus der Kantate 22 „Jesus nahm zu sich die Zwölfe" und der bekannte Choral „Wohl mir, dass ich Jesum habe" aus der Kantate 147 „Herz und Mund und Tat und Leben".

Am 15. September 1953 heiratete Duruflé seine Schülerin Marie-Madeleine Chevalier in St. Etienne, die in der Orgelklasse von Dupré studierte und in diesem Rahmen den Harmonielehreunterricht bei Duruflé besuchte. Sie assistierte ihm außerdem seit 1947 an der großen Orgel von Saint-Étienne-du-Mont und teilte sich ab 1953 diese Stelle mit ihm.

1954 wurde Duruflé „Chevalier de la Légion d'Honneur" also „Ritter der Ehrenlegion" und veröffentlichte seine Transkription dreier Improvisationen von Vierne. 1956 folgte als weitere Würdigung seines musikalischen Schaffens der „Grand Prix musical du Département de la Seine". Im Jahr darauf erschien seine Überarbeitung des „L'Organiste" von Franck.

1958 wurde er zum „Chevalier des Arts et lettres" ernannt und veröffentlichte seine Ausgabe von fünf rekonstruierten Improvisationen seines Lehrers Charles Tournemire. 1960 erschien seine Komposition der *„Quatre Motets sur des thèmes grégoriens"*, op. 10 (4 Motetten über gregorianische Themen) für A-capella-Chor, welche vom Stéphane-Caillat-Chor am 4. Mai 1961 aufgeführt wurden und die er Auguste le Guennant, dem Direktor des „Institut Grégorien" in Paris, gewidmet hat. 1961 entstand die Klavierfassung *„Tambourin"* (Auszug aus op. 6) und für Orgel das *„Prélude sur l'introît de l'Épiphanie"*, op. 13., eine Auftragskomposition von Norbert Dufoucq für den Sammelband „Préludes à l'Introit" aus der Reihe „Orgue et Liturgie" bei der Edition Schola Cantorum, in dem sich ausschließlich Kompositionen zeitgenössischer französischer Komponisten befinden. In selben Jahr wurde Duruflé auch der Titel „Commandeur de l'Ordre de Saint-Grégoire-le-Grand" für sein kirchenmusikalisches Schaffen vom Vatikan verliehen. 1962 erschien sein letztes Orgelwerk, die *„Fugue sur le* *theme du carillon des heures de la cathédrale de Soissons"*, op. 12. Dieses Stück widmete er Henri Doyen.

1964 unternahm er mit seiner Frau eine zweite gemeinsame Tournee durch die USA, bei der er neben vielen Konzerten mehrere Aufführungen seines Requiems dirigierte – mit seiner Gattin an der Orgel. Weitere Reisen folgten 1965 und 1966 und führten das Musikerpaar bis in die damalige UDSSR. 1966 wurde er zum „Officier de l'ordre national du mérite" ernannt, dem sich 1969 die Auszeichnung zum Träger des nationalen Verdienstkreuzes anschloss. Am 18. Dezember 1966 fand außerdem die Uraufführung der seiner Frau gewidmeten Messe „*Cum jubilo*", op. 11 für Bariton, Chor und Orchester durch das Orchester Lamoureux, Camille Maurane und den Stéphane-Caillat-Chor unter der Leitung von Jean-Baptiste Mari statt. Ähnlich wie in seinem Requiem versuchte Duruflé in diesem doch ungewöhnlich besetzen Stück die einstimmige Musik des Gregorianischen Chorals mit seinem spätromantisch-impressionistischen Klangideal zu vereinen. Für die möglichst exakte Übertragung der Rhetorik und Rhythmik des Gregorianischen Chorals in unsere Notenschrift versuchte er, dieses Charakteristikum durch ständigen Akzent- und Pulswechsel, erreicht durch ständige Taktwechsel und damit der Vermeidung gleichmäßiger Betonungsraster, wiederzugeben. Der Grund für die Auswahl der neunten Choralmesse für dieses Werk ist nicht eindeutig überliefert, sicher aber ist, dass Duruflé nicht nur eine Vorliebe für diese Messe hatte, sondern sie auch für eine in allen Gemeinden praktikable hielt, wie er in zahlreichen Artikeln in Fachzeitschriften bekräftigte. Zudem beklagte er sich über die zunehmende Verdrängung des Gregorianischen Chorals aus der katholischen Liturgie infolge falscher Auffassung der Dokumente des Zweiten Vatikanischen Konzils. Auch von dieser Messe fertigte Duruflé eine Orgelfassung (Durand 1966), eine Orchesterfassung (Durand 1971) und eine für Kammerorchester (Durand 1972) an. 1973 erschien im Verlag Durand seine Revisionsausgabe der „Trois Chorals" von César Franck, die ausschließlich den vollständigen Originaltext enthält und bei der Hinzufügungen Duruflés in Klammern gesetzt sind.

„Obwohl es heikel und sogar gefährlich ist, allzu präzise Angaben über die allgemeine Interpretation dieser Musik zu machen, habe ich mir doch erlaubt, in Klammern einige Angaben hinzuzufügen, ohne den originalen Text anzutasten. Diese Angaben betreffen Tempi und Agogik, sie sollen jedoch nur Vorschläge

sein. Ich habe sie von meinem Lehrer Tournemire übernommen, der ein Schüler César Francks war."[35]

1.8. Der Unfall

Am 29. Mai 1975 wurde Duruflé mit seiner Frau Opfer eines tragischen Verkehrsunfalls, der das Ende seiner Laufbahn als Organist bedeutete: Auf der Autobahn zwischen Valence und Montélimar durchbrach ein Wagen die Mittelleitplanke und prallte frontal auf den Wagen von Marie-Madeleine und Maurice Duruflé. Beide wurden schwer verletzt. Maurice Duruflé erholte sich nicht vollständig von den schweren Folgen des Unfalls. Obwohl er auch nachher noch einige Konzerte gab, war die Glanzzeit als brillanter Orgelvirtuose Vergangenheit. Daraufhin kümmerte sich Marie-Madeleine alleine weiter um die große Orgel von Saint-Étienne-du-Mont.

Duruflé schilderte den Unfall wie folgt:

„Wir fuhren während unserer Ferien 1975 auf der Autobahn. Es regnete stark und die Straße war gefährlich naß, wir fuhren etwa mit 90 km/h. Ein Fahrer auf der anderen Straßenseite verlor bei etwa 150 km/h die Kontrolle über seinen Wagen, schleuderte über den Mittelstreifen und rammte uns. Wir wurden beide schwer verletzt. Meine Frau hatte mehrere Knochenbrüche. Ich selbst zwei Beinbrüche, da ich aus dem Wagen auf die Straße geschleudert wurde. Es ist ein Wunder, daß wir heute noch leben."[36]

Erst 1977 spielte Duruflé zum ersten Mal wieder vor Publikum die „Fantasie en la" von César Franck während eines Konzerts, das von den Orgelfreunden in Saint-Étienne-du-Mont organisiert wurde. Das letzte von ihm veröffentlichte Werk stammt ebenfalls aus diesem Jahr und ist das „Notre Père" op. 14 für Chor a capella, das er seiner Frau gewidmet hat. Dieses Werk bringt mit seiner Intensität und der Reinheit seiner Linieführung den Glauben und die Hoffnung zum Ausdruck, die das Gebet beherrschen.

---

[35] Zitiert aus dem Vorwort der Edition; zitiert nach Abbing S. 135.
[36] Interview mit Maurice Duruflé in „The American Organist", November 1980; zitiert nach Hielscher, Hans Uwe (Hg.) „Französische Orgelkunst der Spätromantik", S. 35.

Gegen Ende seines Lebens äußerte Duruflé seinen Pessimismus bezüglich eines Niedergangs der katholischen Liturgie und schrieb dazu 1977 in der Zeitschrift L'Orgue:

„Wir hoffen sehr, daß diese Liturgie eines Tages die Rückkehr der Orgel an ihren Ehrenplatz erlaubt, den sie seit drei Jahrhunderten inne hatte...".[37]

1979 erhielt er den René-Dumesnil-Preis und spielte sein letztes Konzert, in dem er vor mehr als 500 Leuten aus dem Gedächtnis zwei Bachchoräle interpretierte (BWV 659 und 727) und darüber hinaus das „Récit de nasard" aus der „Suite du deuxième ton" von Clérambault, zwei Teile der „Messe à l'usage des couvents" von Couperin (Tierce en taille aus der Élévation und Dialogue sur la voix humaine aus dem Gloria), die „Fugue-gigue en ut" von Buxtehude und einen Auszug der „Fantasie in C" von Franck vortrug. In demselben Konzert spielte Marie-Madeleine die „Toccata et fugue (BWV 538)", zwei Bachchoräle (BWV 147 und 645), ein Händel-Konzert, das „Noel en sol majeur" von Daquin, „Prélude et fugue sur le nom d'Alain" von Maurice Duruflé und als Zugabe „Coucou" von Daquin und die Toccata aus der fünften Symphonie von Widor.

Nach Jahren voller Leid und Gebrechen starb Maurice Duruflé am 16. Juni 1986 im Alter von 84 Jahren. Er wurde auf dem Friedhof in der von ihm geliebten Stadt Menerbes in der Provence beigesetzt. Seine Frau, Marie-Madeleine Duruflé, verstarb am 5. Oktober 1999.

2. Maurice Duruflé als Komponist

Duruflés hinterlassenes Werk, das sich auf 14 Opera beschränkt, lässt erahnen, was für ein langsamer und mühsamer Prozess das Komponieren für ihn war. Duruflé überarbeitete seine Werke immer wieder – sogar der Öffentlichkeit bereits zugänglich gemachte. Er war selbst sein schärfster Kritiker. Über seine Art des Komponierens berichtete später einmal seine Frau:

„Wenn er schreiben wollte, dann komponierte er bei seiner Mutter, im Sommer. Abends schloß er sich in der Kirche ein, um zu vollenden, was er am Tag geschrieben hatte. Wenn er zu Hause in Louviers war, dann stand ihm dort nur ein einfaches Klavier zur Verfügung. (...) Außerdem komponierte er langsam, mit

---

[37] Cf. die abgedruckten Artikel Duruflés in dieser Arbeit.

einem ganz außerordentlich geschärften Bewußtsein, dem nicht das kleinste Detail entging. Wenn er eine Komposition fertig hatte, dann ging er sie noch einmal durch, Takt für Takt. Oft ging er soweit, daß er bekannte Persönlichkeiten, wie Nadia Boulanger oder Jean Gallon, aufsuchte, um sie zu fragen, ob die Komposition ihrer Ansicht nach gut aufgebaut und ausgewogen war. Er fürchtete sich auch vor Längen; das war einer der Gründe, warum er an der Toccata das Interesse verloren hatte. Schließlich wurde er von seiner Laufbahn als konzertierender Künstler, Professor Conservatoire, Organist von Saint-Étienne-du-Mont und im Sommer von seiner Tätigkeit am Amerikanischen Konservatorium in Fontainebleau sehr in Anspruch genommen. Man darf auch nicht vergessen, wieviele Transkriptionen seiner Werke er geschrieben hat. Nimmt man beispielsweise nur das Requiem, so schrieb er es zunächst für Orchester und Chor, dann für Orgel und Orchester. Ebenso wurden seine Trois Danses für Orchester und auch für Klavier allein, für Klavier zu vier Händen und für zwei Klaviere geschrieben. Das ist alles eine ungeheure Arbeit. Er war kein Fließband-Komponist."[38]

Maurice Duruflé hat im Verhältnis zu anderen Komponisten nur wenige Werke bestehen lassen – was seinen eigenen Anforderungen nicht vollends entsprach, vernichtete er –, aber seine Kompositionen zeichnen sich durch höchste Subtilität und Perfektion aus.

Dies ist auch ein Aspekt, der bei der Erarbeitung der Orgelwerke Duruflés im Orgelunterricht auf jeden Fall einfließen muss.

„Er war in seiner Notationsweise sehr genau, daher braucht nichts hinzugefügt zu werden. Es steht ja schon alles da. Wenn er eine Tempobezeichnung, eine Spieltechnik vorgegeben hat, so müssen sie immer mit einer gewissen Zurückhaltung ausgeführt werden. Er selbst war bei der Interpretation seiner Werke sehr zart. Sie entfalteten sich und wirkten bereichernd, ohne Übertreibungen. Er pflegte zu sagen, dass man nicht überstürzt, sondern „freundlich" spielen müsse."[39]

Die Forderungen, die sich hieraus für die Erarbeitung und Wiedergabe der Orgelwerke Duruflés ergeben, werden von Marie-Madeleine Duruflé folgendermaßen zusammengefasst:

---

[38] Marie-Madeleine Duruflé im „organ interview" (organ 2/99).
[39] Marie-Madeleine Duruflé im „organ interview" (organ 2/99).

„*Man soll sich sehr genau an die Anweisungen halten und auf keinen Fall am Notentext etwas hinzufügen oder ändern wollen. Wenn jemand das versuchte, war er ganz aufgebracht. Selbst bei der Registrierung hatte er ganz klare Vorstellungen. Bezüglich der Tempi, Crescendi und Accerlandi war er gegen jede „freie" Auslegungen seiner Anweisungen. So findet man beispielsweise am Ende seiner Toccata eine Reihe virtuoser Akkorde. Mein Mann mochte es nicht, wenn man mit einem Rubato begann und dann ein Accelerando darauf folgen ließ. Er verabscheute dieses Bild eines Zugs, der sich allmählich in Bewegung setzt. Das gilt auch für das Ende der Fuge über ALAIN, wo manche Organisten ein Accelerando machen, das er nicht mochte. Allerdings ist das zum Teil auch sein Fehler, da er die Anweisung bei der ersten Ausgabe in die Noten schrieb. Was diesen Wunsch jedoch vereitelte, war der Umstand, dass seine Metronom-Tempobezeichnungen nicht von der Stelle kamen. Notierte er 60 Schläge, und in der darauffolgenden Taktfolge 62, dann hatte das überhaupt keine Wirkung. Nahm man die Anweisungen aber wörtlich, dann kam es im Augenblick des Accelerando zu einer fürchterlichen Hudelei, und das hasste er. In den letzten Ausgaben wurde das aber geändert.*"[40]

Die wichtigsten Aussagen daraus extrahiert, bedeutet dies:

- dass in den Orgelwerken Duruflés ein übermäßiges „Rubato" fehl am Platz ist;
- dass ein Accelerando oder Ritardando nur dann vorgenommen werden soll, wenn es explizit gefordert ist;
- dass generell die Tempovorschriften in Verbindung mit den Metronomzahlen absolut verbindlich sind;
- dass die letzte Druckfassung gegenüber früheren Fassungen die verbindliche ist;
- dass die greifbare Diskographie des Ehepaars Duruflé eine Musterinterpretation per se darstellt.

Dabei ist aber noch anzumerken, dass der Interpret trotz aller Vorgaben zu einer persönlichen Interpretation von Duruflés Stücken immer ermuntert wird:

„*Ich glaube schon, daß der Spieler etwas von seiner eigenen Persönlichkeit in die Interpretation meiner Werke einbringen sollte, denn das ist doch das Wesen*

---

[40] Marie-Madeleine Duruflé im „organ interview" (organ 2/99).

einer „Interpretation" und schließt vieles ein, auch bestimmte „Freiheiten", sonst würde die Musik kalt und leblos wirken."[41]

Duruflés kritischer Perfektionismus hielt ihn auch davon ab, einigen aus seiner Sicht bereits „vollkommenen" Gattungen wie im Streichquartett, dem Solo-Lied oder dem Klaviermusik-Repertoire noch etwas „Bedeutsames hinzufügen zu können"[42]. Sein Instrument ist die Orgel, und so muten auch die Ordinariumsvertonungen der „Missa cum jubilo" und des „Requiems" wie eine Orgelkomposition mit obligatem Chor an. Über das „Warum" seines „braven Kompositionsstils", der ihm auch oft vorgehalten wurde, äußerte er sich in einem Interview einmal wie folgt:

„MD: Nun, mein lieber Pierre, vielleicht weil ich Organist bin und von daher häufig von Gregorianik umgeben war. Ich denke, dass die Gregorianik eine relativ brave Sprache ist. Und da mich die Gregorianik eben immer fasziniert hat – ich würde sogar sagen, dass die Gregorianik mir manchmal fast tyrannisch erschien, obwohl sie mich auch faszinierte, wie ich bereits sagte. Sie hat mich vielleicht ein bißchen zu sehr eingeengt, gewissermaßen zu sehr – wie soll ich sagen – meine Harmonien beschränkt. Das meine ich gar nicht negativ. Ganz im Gegenteil. Ich verdanke der Gregorianik sehr viel, weil sie mir in meiner Tätigkeit als Organist und Komponist wirklich große Freude bereitet hat.
Sie fragen, warum ich in einem relativ braven Stil komponiere. Nun, vielleicht deshalb, weil ich immer von der Gregorianik umgeben war, die natürlich eine eher brave Sprache ist."[43]

Auch dies ist ein Aspekt, der im Orgelunterricht bei der Erarbeitung des zur „Moderne" zu rechnenden Orgelœuvres Duruflés angesprochen werden muss.

---

[41] Interview mit Maurice Duruflé in „The American Organist", November 1980, zitiert nach Hielscher, Hans Uwe (Hg.) „Französische Orgelkunst der Spätromantik", S. 39.
[42] Cf. „Memoires".
[43] Gespräch Maurice Duruflé-Pierre Cocherau in Notre-Dame am 28. September 1973; zitiert aus *musica sacra* 116/6 von 1996.

2.1. Werkverzeichnis

Zusammenfassend das Werksverzeichnis[44] von Maurice Duruflé:

Werktitel	Opus	Instrument	komponiert[45]	erschienen[46]	Verlag
Tryptique	1	Klavier	1926	n.e.[47]	n.e.[48]
Scherzo	2	Orgel	1926	1929	Durand
Prélude, Récitatif et Variations	3	Flöte, Viola und Klavier	1928	1928	Durand
Prélude, Adagio et Choral varié sur le Veni Creator	4	Orgel	1930	1931	Durand
Suite	5	Orgel	1933	1934	Durand
3 Danses	6	Orchester	1937	1939	Durand
Prélude et Fugue sur le nom d' A.L.A.I.N	7	Orgel	1942	1943	Durand
Andante et scherzo	8	Orchester	1940	1947	Durand
Requiem	9	Orgelfassung[49]	1947	1948	Durand
		Orchester	1947	1950[50]	
		Kammerorchester	1947	1951	Durand
Quatre Motets sur des thèmes grégoriens	10	SATB	1960	1960	Durand
Messe "Cum Jubilo"	11	Orgelfassung[51]	1966	1966	Durand
		Bariton solo, Bariton-Chor (unisono), Orchester und Orgel	1966	1972	Durand
		Kammerorchester	1966	1971	Durand

---

[44] Die Widmungsträger und Uraufführungsdaten finden sich im biographischen Text eingearbeitet.
[45] In der verwendeten, unten angeführten Sekundärliteratur als auch in den herangezogenen Musiklexika „The New Grove Dictionary of Music and Musicians", hg. von Stanley Sadie, New York 1980 und „Die Musik in Geschichte und Gegenwart", hg. von Friedrich Blume, Bärenreiter 1954 differieren die Entstehungsdaten sowie die Erscheinungsjahre der Kompositionen um teilweise drei Jahre. Für diese Übersicht der Entstehungsjahre habe ich die Daten der Association Maurice et Marie-Madeleine Duruflé gemäß http://www.france-orgue.fr/durufle verwendet, da diese den Anspruch erheben, die authentischen zu sein.
[46] Für die Erscheinungsjahre habe ich bei den differenten Angaben der angegebenen Sekundärliteratur die Daten von Jörg Abbings Publikation verwendet, da diese mir am genauesten und kritischsten auch im Vergleich zu der selben verwendeten Sekundärliteratur recherchiert gewesen zu sein scheint.
[47] I.e. nicht im Druck erschienen.
[48] I.e. nicht im Druck erschienen.
[49] Reduktion der Partitur (Fassung für Symphonieorchester und Orgel auf Orgel solo).
[50] Diese Daten stimmen nachweislich nicht bei Abbing; zur Korrektur vgl. Götting bzw. die Angaben in den Editionen.
[51] Reduktion der Partitur (Fassung für Symphonieorchester und Orgel auf Orgel solo).

Fugue sur le carillon des heures de la cathedrale de Soissons	12	Orgel	1962	1962	Europart
Prélude à l'Introït de l'Epiphanie	13	Orgel	1960	1961	E.M.[52]
Notre Père	14	SATB	1976	1977	Durand
Chant donné / Hommage à Jean Gallon[53]	o.op.	Klavier/ Harmonium	1949	1953	Durand
Meditation[54]	o.op.	Orgel	1964	2002[55]	Durand

Dazu komme noch folgende

- Transkriptionen   Bachchoräle: „Ertöt uns durch dein Güt" BWV 22
  „Jesu bleibet meine Freude" BWV 147
  Vier Bachchoräle für Orchester arrangiert
  Übertragung einzelner Orgelkonzerte Händels für Orgelsolo
  Gabriel Fauré: Prélude aus „Pelleas et Mélisande"
  Louis Vierne: „La Ballade du désespère"
  Louis Vierne: „Soirs étangers" op. 56
- Editionen   César Franck „L'Organiste" (Durand 1957)
  César Franck „Trois Chorals" (Durand 1973)

- Rekonstruktionen   Louis Vierne „Trois Improvisations"
  Charles Tournemire „Cinq Improvisations"

---

[52] Erschienen in der Sammlung „Préludes à l'Introit" der Reihe „Orgue et Liturgie" NR. 48, EDITIONS MUSICALES DE LA SCHOLA CANTORUM ET DE LA PROCURE GENERALE DE MUSIQUE.

[53] In „64 Lecons d'harmonie offertes à Jean Gallon" als „Albumblatt" für einen Geschenkband mit Kompositionen der Schüler Gallons während der Studienzeit Duruflés. Die Besetzung ist unklar und das Stück als Ganzes scheint eher als „Kompositionsstudie" denn als Konzertstück konzipiert worden zu sein. Daher ist es auch nicht in die folgende Werkanalyse aufgenommen worden.

[54] Bei diesem Stück handelt es sich um eine unveröffentlichte Skizze, die 2002 erstmals gedruckt bei Durand herausgegeben wurde (auf Grund dieses „späten" Erscheinungsdatums konnte eine detaillierte Analyse dieses Werkes für diese Arbeit nicht mehr angefertigt werden). Den Hinweis darauf verdanke ich Herrn Tobias Götting, der auch die deutsche Uraufführung lieferte. Duruflé verwendete in diesem Stück ein Thema aus dem Agnus Dei der „Missa cum jubilo". Ein Rezitativ der Soloflöte begleitet von der voix céleste alterniert in dieser dreiteilig gehaltenen Komposition (ABA) mit dem Thema.

[55] Erstaufführung 14.1. 2001 durch Frédéric Blanc in Notre-Dame Paris; deutsche Erstaufführung durch Tobias Götting in St. Lamberti, Oldenburg am 27. 1. 2002.

3. Duruflé als Publizist zu aktuellen kirchenmusikalischen Themen

Maurice Duruflé hat auch zu zahlreichen aktuellen kirchenmusikalischen Themen Stellung genommen:

Jeunes organistes français en 1936 : réponse au questionaire envoyé par Béranger de Miramon	Junge französische Organisten 1936: Antwort auf die Umfrage von Béranger de Miramon.	L'Orgue n° 201-204, 1987, p.23-4
L'Orgue de Deauville	Die Orgel von Deauville	l'Orgue n° 82 , 1957
La restauration du grand orgue de St-Étienne-du-Mont	Die Renovierung der Hauptorgel von St-Étienne-du-Mont	L'Orgue n° 90, 1959
Cinq Improvisations pour orgue de Charles Tournemire (Préface de l'édition Durand)	Fünf Improvisationen für Orgel von Charles Tournemire (Vorwort der Ausgabe Durand)	L'Orgue n° 92, 1959
Quelques tendances de la facture d'orgues française contemporaine	Einige Tendenzen des zeitgenössischen französischen Orgelbaus	L'Orgue n° 97, 1961
L'orgue dans la nouvelle liturgie	Die Orgel in der neuen Liturgie	L'Orgue, n° 115, 1965
La restauration du grand orgue de la cathédrale d'Angoulême	Die Renovierung der Hauptorgel der Kathedrale von Angoulême	L'Orgue n° 119, 1966
USA – URSS	USA – UDSSR	L'Orgue n° 122-3, 1967
Une table ronde sur la musique religieuse	Ein „runder Tisch" zur religiösen Musik	L'Orgue n° 130, 1969
La masse silencieuse du clergé	Die schweigende Masse des Klerus	L'Orgue n° 134, 1970
Nouvelle tournée aux USA	Neue Tournee in den USA	L'Orgue n° 141, 1972

Où allons-nous ?	„Wo befinden wir uns – wohin gehen wir ?"	L'Orgue n° 145, 1973
Poulenc's organ concerto	Poulencs Orgelkonzert	The American organist, July 1974, p. 22
Le concerto pour orgue et orchestre à cordes de Françis Poulenc	Poulencs Orgelkonzert	L'Orgue n° 154, 1975
L'orgue français de l'an 2000	Die französische Orgel im Jahr 2000	L'Orgue n° 160-1, 1976-77
Mes souvenirs sur Tournemire et Vierne	Meine Erinnerungen an Tournemire und Vierne	L'Orgue n° 162, 1977
Réflections sur la musique liturgique	Gedanken zur liturgischen Musik	L'Orgue n° 174, 1
My recollections of Tournemire and Vierne	Meine Erinnerungen an Tournemire und Vierne	The American Organist, November 1980, p. 54
Souvenirs sur les Amis de l'orgue	Erinnerungen an die „Orgelfreunde"	L'orgue n° 201-204, 1987, p. 46, 47 (avec lettre manuscrite du 22 Février 1986)
Extraits des mémoires et Requiem	Auszüge aus den Memoiren und dem Requiem	L'orgue Cahiers et Mémoires n° 45, 1991 (avec devoir d'harmonie de Décembre 1915)

Aus den oben aufgeführten Artikeln lässt sich zum einen Duruflés breites Wissen, aber auch sein Interesse bezüglich aller Bereiche der Kirchenmusik, von dem die Orgel betreffenden Bereich über Fragen der Liturgie bis hin zur Stellung der Kirchenmusik in der nachkonziliaren Liturgie, finden. Dies ist sehr bemerkenswert, führt man sich einmal die Tatsache vor Augen, dass zahlreiche Kirchenmusiker oder Komponisten kirchenmusikalischer Musik diese breitgefächerte Sichtweise und Interessenslage nicht mehr haben, sondern als „Spezialisten" eines Fachgebietes gelten. Auch diese Vorstellungen Duruflés, die sich in den Artikeln wiederspiegeln, sollten Gegenstand in der Ausbildung heranreifender Kirchenmusiker sein.

4. Duruflé als Organologe

Unter den Artikeln Duruflés befindet sich auch einer über die Rolle der Orgel in der nachkonziliaren Liturgie. Dieser Artikel mit dem Titel „*Die Orgel in der neuen Liturgie*" soll hier in seiner Gesamtheit wiedergegeben werden, da er viel vom Verständnis des künstlerischen liturgischen Orgelspiels Duruflés widerspiegelt.[56]

Im Artikel 120 der konziliaren Verfassung, der der Orgel gewidmet ist, (heißt es): "Man wird in der römischen Kirche die Pfeifenorgel als das traditionelle Instrument hoch schätzen, dessen Klang den Zeremonien der Kirche einen wunderbaren Glanz hinzufügen und die Seelen kraftvoll zu Gott und himmelwärts heben kann."

Bei der Lektüre dieses beruhigenden Artikels konnte man nicht anders, als sich über die hohe Wertschätzung und die Bedeutung zu freuen, die die Väter des Konzils diesem Instrument beimaßen, sowie der wichtigen Rolle, die sie in der neuen Liturgie wegen ihres anerkannten spirituellen Werts beibehalten musste. Nun aber ist ein "Hirtenwort über den Gesang und die Musik in der Feier der Messe", datierend vom 10. April 1965, von der bischöflichen Kommission für Liturgie an die Mitglieder der Kommission der Musikexperten, zu denen zu gehören ich die Ehre habe, verschickt worden (1). Dieses Hirtenwort spricht die sechs folgenden Punkte an:

I.   Die Schola und die Versammlung

II. Die Sprache der liturgischen Lieder

III. Die gesungene Messe

IV. Die gelesene Messe mit Liedern

V.   Die Orgel

VI. Die Stille

---

[56] Aus: L'Orgue Nr. 115, Juli-September 1965.

Die Abschnitte V und VI, die die Organisten besonders interessieren, präzisieren die Rolle, die ihnen in der neuen Liturgie zugeteilt wird. Diese Rolle führt in der Tat zur kompletten Unterdrückung der Kirchenorgel während der gesungenen Messe (früher das Hochamt). Hier ist das, was da gesagt wird, mit einer bewundernswerten, aber ziemlich beunruhigenden Wendigkeit:

V. Die Orgel

Die Orgel muss ihren Platz in der liturgischen Feier behalten (CSL, Nr. 120), um die Lieder zu begleiten und um zugleich in passenden Momenten als Solist aufzutreten.

Der Organist als Begleiter übt, von einem fachlichen und gemeinschaftlichen Standpunkt gesehen, eine sehr wichtige Funktion aus, indem er den Gesang der Schola und der Versammlung vorbereitet, unterstützt und ihren Wohlklang erhöht.

Der Solo-Organist übt eine Rolle aus, die nicht geringer ist, indem er ein gemeinsames andächtiges Klima des Gebetes begünstigt, wenn seine Beiträge im Sinne der Liturgie des Tages sind, und dem Ablauf der Gottesdienstfeier entsprechen:

Kurz vor der Messe wird er dazu beitragen, die Gläubigen, die in der Kirche eintreffen, in eine heilige und festliche Atmosphäre zu versetzen.

Beim Offertorium, nach dem Singen des Wechselgesangs, kann die Orgel eine wichtige Rolle spielen (vgl. DP, Nr. 77).

Während des Kanons der Messe ist eine "heilige Stille" wünschenswert (vgl. Inst. de Musica sacra, Nr. 27); in bestimmten Fällen wird diese Stille von einem diskreten und passenden Orgelspiel nicht zerstört, sondern im Gegenteil unterstützt.

Während der Kommunion der Gläubigen könnten Interludien zwischen den gesungenen Versen die melodischen Themen entwickeln und ein Element der Abwechslung einführen (vgl. DP, Nr. 103).

Nach dem Segen des Priesters oder dem Schlusslied fasst das Spiel der Orgel den Sinn der liturgischen Feier gut zusammen.

VI. Die Stille

Über das Wort und das Lied hinaus muss die Stille einen wichtigen Platz in der Liturgie einnehmen. Dabei wird sie möglicherweise von der Orgel unterstützt. Sie ist notwendig, um eine innere und intensive Teilnahme zu entwickeln.

Die praktischen Richtlinien unterstreichen besonders ihren Stellenwert beim Tagesgebet (Collecta): "Nachdem der Priester sie zum Gebet aufgefordert hat ("Lasset uns beten"), ist es gut, den Gläubigen einige Augenblicke gemeinsamen Gebets zu lassen" (DP, Nr. 42).

Das Offertorium: "Ein Lied der Versammlung an dieser Stelle ist nicht notwendig: ein (passendes) Lied der Schola, ein Orgelstück oder die Stille können genauso gut angemessen sein" (DP, Nr. 77).

Der Kanon[57]*: "Die Stille kann, wenn sie gut vorbereitet worden ist, ein Mittel darstellen, ihn hervorzuheben" (DP, Nr. 90).*

Die Kommunion: "Man wird das Lied vorziehen, während man dennoch auf ein Gleichgewicht zwischen dem gesungenen Ausdruck und der Stille bedacht ist, das ein innigeres Einlassen auf das Mysterium der Eucharistie erlaubt." (DP, Nr. 103).

Die wahre Stille, in die die Liturgie getaucht sein muss, besteht übrigens weder ausschließlich noch vor allem in der Abwesenheit von Wort oder Gesang. Durch die Achtung, die Würde und die Innerlichkeit, mit der der Ritus ausgeführt wird, muss sie in Wirklichkeit die ganze heilige Handlung füllen."

Was lesen wir unter dem blumigen Stil (L'Orgue, Abschnitte 1, 2, 3), der die (bittere) Pille überzieht?

"Kurz vor der Messe", etc. Anders gesagt, da die Gläubigen traditionell um zehn Uhr fünf eintreffen anstatt um neun Uhr fünfundfünfzig, wird der Organist aufgefordert, die leeren Stühle "in eine heilige und festliche Atmosphäre zu versetzen". Nicht für lange Zeit, da jetzt, sobald der Priester aus der Sakristei kommt, der Introitus gesungen wird.

"Beim Offertorium, nach dem Singen des Wechselgesangs, kann die Orgel eine wichtige Rolle spielen". Aber im Kapitel über die Stille wird angegeben, dass während der Minute, die verfügbar bleiben wird nach dem Gesang des Offerto-

---

[57] I.e. das Eucharistische Hochgebet.

riums, *"ein Lied der Schola, ein Orgelstück oder die Stille... genauso gut angemessen sein"* können.

"Während des Kanons ist eine heilige Stille wünschenswert.[58] *In bestimmten Fällen wird diese Stille von ‚einem diskreten und passenden Orgelspiel' nicht zerstört."* Aber im Kapitel über die Stille gibt es keinen Zweifel, was die Rolle der Orgel während des Kanons betrifft. Es ist klar, dass der Organist aufgefordert wird, die Kosten der Stille zu tragen.

"Während der Kommunion der Gläubigen könnten Interludien zwischen den gesungenen Versen die melodischen Themen entwickeln", etc. Meine lieben Organisten-Kollegen, Sie verstehen, um welche neuen Lieder auf Französisch, um welche musikalischen Vulgaritäten und Plattitüden es sich handelt, im Namen des *"neuen liturgischen Musik-Frühlings"*. Ich wünsche Ihnen viel Vergnügen, denn vom Gregorianischen Gesang ist keine Rede mehr. Im Kapitel über die Stille indessen erwähnt man nicht einmal mehr die Orgel. Man rät zu einem *"Gleichgewicht zwischen dem gesungenen Ausdruck und der Stille..., das erlaubt ein innigeres Einlassen auf das Mysterium der Eucharistie."*

Schließlich, beim Hinausgehen, nach *"Geht im Frieden des Herrn"*, oder *"nach dem Ausgangslied"*, wie präzisiert wird, wird der Organist endlich die Freiheit haben, *"den Sinn der liturgischen Feier zusammenzufassen"*, während die Gläubigen geräuschvoll zu den Ausgangstüren eilen. Leider nicht für lange Zeit, denn die nächste *"dialogische Messe"* beginnt, und er wird aufgefordert zu schweigen.

Kurz gesagt, wenn man die genaue Dauer in Minuten zusammenzählt, die zur Verfügung des Organisten gelassen wird, während einer gesungenen Messe von einer gewöhnlichen Dauer von fünfzig bis fünfundfünfzig Minuten, bleibt nichts, das es ihm erlauben würde, nicht nur würdig seine Funktion auszuüben, sondern einfach seine Anwesenheit zu rechtfertigen. Die begleitende Orgel genügt nämlich vollkommen, um diese neue Funktion zu erfüllen. Es ist natürlich keine Rede mehr davon, ein Orgelstück zu spielen, das von Dauer wäre, nicht einmal einen Choral von Bach, ohne Gefahr zu laufen, angeprangert zu werden (2).

Wir sind weit, sehr weit entfernt vom Artikel 120 der konziliaren Verfassung, die "die Pfeifenorgel hoch schätzt..., deren Klang" etc. ... Denn wir hoffen, dass in

---

[58] Gemeint ist wohl eine "Bet-Sing-Messe" im Unterschied zur "Stillen Messe".

diesem Artikel nicht nur die Rede vom "Klang" der Orgel ist, sondern auch von den Noten, die man darauf spielt, und die uns eine gewisse Bedeutung zu haben scheinen. Nun aber, wenn die Rolle des Organisten so auf diese Art von Grundrauschen reduziert wird, auf diese Rolle als Lückenfüller zwischen zwei Versen von Kirchenliedern auf Französisch oder als eventueller Begleiter von diesen neuen Liedern, zu der er jetzt aufgefordert wird, fragt man sich unter diesen Bedingungen, ob es nötig ist, junge Organisten auszubilden, und sie in eine so reduzierte Karriere zu schicken, ein solche Karikatur, eine Laufbahn dennoch, so lange vorzubereiten, so teuer, so arbeitsreich, und so uninteressant. Man sieht nicht einmal mehr die Notwendigkeit, die Orgelklassen in unseren Konservatorien und Musikschulen beizubehalten.

Bei der Zusammenkunft des bischöflichen Komitees für Kirchenmusik und der Kommission der Musikexperten vom 24. November 1964 wurde ich von Monseigneur[59] Rigaud, dem Vorsitzenden dieses Komitees, damit beauftragt, einen Bericht abzufassen über die "Funktion und den Rang der Orgel als Begleiter und als Solist". In diesem Bericht habe ich mir erlaubt, respektvoll die Aufmerksamkeit der bischöflichen Autorität auf folgende Punkte zu lenken: den Artikel 120 der konziliaren Verfassung, der "die Pfeifenorgel hoch schätzt", die spirituelle Rolle der Orgel bei der Feier der Messe, wo es wünschenswert wäre, dass ein gerechtes Gleichgewicht hergestellt werde zwischen dem Priester, dem Sprecher, der Versammlung der Gläubigen, der Schola und der Orgel ("Die Schola und die Orgel werden weiter ihre traditionelle Rolle in der liturgischen Feier behalten", erklärt eine Note des französischen Episkopats, datierend vom 6. Mai 1964). Ich hatte gleichfalls die Aufmerksamkeit der bischöflichen Autorität auf die Tatsache gelenkt, dass zahlreiche Instrumente von großem Wert, sowohl in der Provinz als auch in Paris, unter Denkmalschutz stehend oder zu Kathedralen gehörend, zum großen Teil restauriert wurden durch die Fürsorge und auf Kosten der Services des Beaux-Arts (Denkmalpflege) des Staates oder der Stadt Paris. Es ist zu befürchten, dass, wenn diese Instrumente zum Schweigen gebracht werden oder auf die simple Rolle des Begleiters reduziert werden, die staatlichen Behörden so weit kommen werden, sich nicht mehr dafür zu interessieren, was wir vollkommen verstehen würden. Was ist aus diesem Bericht geworden? Ich weiß es nicht.

---

[59] Betitelung eines kirchlichen Würdenträgers, möglicher Weise eines Bischofs (dann zu übersetzen mit „Seiner Exzellenz") - war aber nicht eindeutig.

Eine Unter-Kommission von Organisten, ausgehend von der weiter oben genannten Kommission der Musik-Experten, und bestehend aus Gaston Litaize, Jean Langlais, Edouard Souberbielle, Marie-Madeleine Duruflé-Chevalier und mir selbst, ist auf meine Bitte hin am 22. Juni 1965 zusammengekommen, bei ihrem Vorsitzenden, Monseigneur Blanchet, Rektor des katholischen Instituts. Wir haben Seiner Exzellenz unsere Sorge ausgedrückt, der sie geteilt hat und uns mit großem Verständnis angehört hat. Auf seinen Rat hin haben wir einen Bericht an Monseigneur Rigaud geschickt.

Gebe Gott, dass die Stimme der Organisten gehört werde!...

(1). Diese Kommission ist von der bischöflichen Kommission für Liturgie und dem bischöflichen Komitee für Kirchenmusik berufen worden. Ihre Stellungnahmen werden ausschlaggebend sein und die Bischöfe werden ihnen sehr stark Rechnung tragen." (Note der bischöflichen Kommission für Liturgie vom 6. Mai 1964).

(2). Ich habe persönlich einen Pfarrer einer Pariser Kirchengemeinde in seiner Predigt über Mikrofon erklären hören, dass "von jetzt an Schola und Organist in ihre Schranken verwiesen werden sollen".

Wie dieser Artikel Duruflés zur Situation der Orgel in der erneuerten Liturgie schon ausdrückt, beschäftigte sich Duruflé sehr mit Fragen zur Situation der Orgel aber auch zum zeitgenössischen Orgelbau. Dies ist auch deshalb interessant – sowohl ganz allgemein als auch im Bezug auf die im Orgelunterricht zu erarbeitenden Stücke –, weil Duruflé aus der französisch-symphonischen Tradition kam, die eng verbunden mit dem Namen des Orgelbauers Aristide Cavaillé-Coll ist, aber ebenso das barocke Orgelideal vor Augen hatte wie die Idee einer epochenübergreifenden universalen Orgeldisposition, mit der sich die Orgelwerke möglichst aller Epochen darstellen lassen sollen. Welche Vorstellung der Organologe und Komponist Duruflé von einer optimalen Orgel bzw. der Orgel seiner Zeit überhaupt hatte, kommt in seinem Artikel „Wohin gehen wir" deutlich zum Ausdruck. Daher soll dieser Text hier übersetzt und kommentarlos wiedergegeben werden[60]:

Ist die französische Orgel mit ihren hellen Zungenstimmen, ihren melodischen Cornets, ihrer so charakteristischen Cormorne auf dem Weg zu verschwinden?

---

[60] Aus: L'Orgue Nr. 145, Januar-März 1973.

In einem exzellenten Artikel, den unser Freund Norbert Dufourcq dieser Frage gewidmet hat (1), werden fremde Einflüsse erwähnt, die zurzeit mehrere unserer französischen Orgelbauer hinnehmen müssen. In ihren beiden Tätigkeitsfeldern, der Restaurierung von alten Instrumenten und dem Bau neuer Instrumente, kommt es zu einer merkwürdigen Mischung von hervorragenden Ideen und erstaunlichen Konzeptionen. Beginnen wir mit den guten.

Es ist evident, dass die Rückkehr zu einer klassischen Ästhetik des Baus notwendig war. Alle Welt ist sich über diesen Punkt einig. Präzisieren wir zuerst, dass diese Renaissance nicht erst von vor etwa zehn Jahren stammt. Sie reicht ein halbes Jahrhundert zurück, zumindest in Frankreich. In der Tat ist es die Begegnung des genialen französischen Orgelbauers Victor Gonzalez und des nicht weniger genialen Organisten André Marchal, die am Beginn dieser Erneuerungsbewegung des Baus steht. Es sind auch die bemerkenswerten Arbeiten unseres bedeutenden Musikwissenschaftlers Norbert Dufourcq über die Geschichte der Orgel. Ist es nötig, daran zu erinnern, dass die Rückkehr zu niedrigem Druck, zu auf den Ton zugeschnittenen Pfeifen, zu flachen Zungen, schließlich zu allem, was zur Mischung von Klangfarben beiträgt, zur Suche nach dem ausgewogenen Gleichgewicht und der perfekten Verschmelzung der Mixturen mit den Grundstimmen aus dieser Epoche stammt? Das sollte die große historische Wende unseres Orgelbaus sein. Der gegenwärtige französische Orgelbau wäre nicht das, was er ist, ohne die Forschungen und die Realisationen von Victor Gonzalez. Wenn es dafür den Beweis geben musste, könnte man sagen, dass zahlreiche und bemerkenswerte Intonateure unserer Zeit, von denen einige heute Orgelbauer sind, in seinen Werkstätten in Châtillon-sous-Bagneux ausgebildet worden sind.

Die Kommission für Orgeln von historischen Baudenkmälern hat ihrerseits zu dieser Renaissance des Orgelbaus bei den Restaurierungen von historischen Orgeln, die sie unterhält, beigetragen und fährt fort, das zu tun. Wertvolle Zeugen des alten Orgelbaus sind dank ihrer Wachsamkeit und durch die Sorgfalt, die von den mit den Arbeiten anvertrauten Orgelbauern eingebracht wurde, vor der Zerstörung bewahrt worden. Es war nötig, die authentischen Instrumente der Zeit von Grigny, Couperin und Clérambault in ihrem Originalzustand zu erhalten und in bestimmten Fällen ihren ursprünglichen Zustand zu rekonstruieren. Wir brauchen diese Zeugen einer historischen Epoche, um die Werke, die ihnen zugedacht worden sind, in ihrem wahren Charakter wieder lebendig werden zu lassen. Schwierigkeiten ergaben sich manchmal betreffend der Authentizität von diesem oder jenem Register, das man erst ganz beruhigt einem solchen Orgelbauer zu-

schreiben kann, wenn es möglich ist, das Aussehen und den Bau der Pfeifen den Dokumenten von Archiven gegenüberzustellen, die sich darauf beziehen. Außerdem, wenn das Instrument in den Jahren, die seinem Bau gefolgt sind, der Gegenstand vieler Änderungen gewesen ist, wenn berühmte Orgelbauer der klassischen Epoche dort in der Folge eine Bereicherung eingebracht haben, muss man zurückgehen bis zur historischen Wahrheit im Jahr des Baus oder bei einer der späteren Restaurierungen? Die Frage ist demnach nicht immer so einfach, wie man denken könnte. Die Untersuchung des Materials kann diesbezüglich aufschlussreich sein. Dann, wenn bei den zu treffenden Entscheidungen ein gewisses Zögern, ja sogar Skrupel auftreten. In bestimmten Fällen hingegen drängen sich Änderungen und manchmal sogar ein Abbau in offenbarer Weise auf, zum Beispiel bei der aktuellen Restaurierung der Orgel der Kirche von Lambesc (Bouches-du-Rhône), gebaut 1788 von Joseph Isnard, bei der ein Orgelbauer namens Soubeyran 1881 einen Teil der Register des Positivs in ein ausdrucksvolles Gehäuse eingeschlossen hatte, was eine Verirrung war.

Die Dinge werden für die Organisten, die dafür verantwortlich sind, ebenso heikel wie für die Orgelbauer, die sie realisieren, wenn es sich um wichtige Restaurierungen handelt oder um neue Konstruktionen, die die Orgeln von Kathedralen betreffen; Arbeiten, die gleichermaßen in die Zuständigkeit der Kommission für Orgeln fallen. Zwei Fälle kommen allgemein vor. Erstens, man steht vor einer Orgel, die Bestandteile des Pfeifenwerks von sehr gemischtem Interesse besitzt, aus verschiedenen Epochen stammend und unter denen man wählen muss, indem man natürlich den alten Registern den Vorzug gibt, da ja das die Existenzberechtigung der Kommission für historische Denkmäler ist. Das Problem, das sich stellt, ist das der Zusammenstellung der Register, unter Berücksichtigung der vorhandenen Windladen, sowie der erhaltenen Register, die man vielleicht mehr oder weniger wird vervollständigen oder überarbeiten müssen. Die Meinung des vorgesehenen Orgelbauers wird in diesem Fall häufig nötig sein, bevor man einen endgültigen Plan aufstellt.

Andererseits kann man vor einem Orgelgehäuse stehen, das der Elemente seines Pfeifenwerks und sogar seiner mechanischen Elemente vollständig entleert ist. Es handelt sich dann nicht um eine Rekonstruktion, da ja nichts mehr existiert, das als Grundlage dienen könnte, sondern um einen echten Neubau. Hier wird eine andere Frage aufgeworfen und Strömungen können aufeinander treffen. Zwei Anschauungen lassen sich unterscheiden. Die eine, entschieden klassische, in der ganzen Strenge des Begriffs, d. h. eine Art von Nachahmung des 18. Jahrhunderts mit unvollständigem Récit, nur einige Register solo umfassend, selbstverständlich ohne ausdrucksvolles Gehäuse, eine einzige Koppel Positiv-Grand Orgue, manchmal sogar als Schiebekoppel (den Fall hat es gegeben), mit einer Zusammenstellung von Registern, streng von der Epoche inspiriert, versehen mit einigen Zungenpfeifen mit verkürztem Corpus, das Ganze manchmal einen Ton höher gestimmt.

Diese Auffassung von der zeitgemäßen Orgel lässt sich durch eine ausschließliche Liebe zur alten Orgel und eine völlige Missachtung der gesamten Orgel-Literatur, die nach Johann Sebastian Bach geschrieben worden ist, erklären. Es ist jedoch erlaubt, die französische Orgel des 20. Jahrhunderts unter einem anderen Blickwinkel zu sehen. Diese pure und simple Kopie der Orgel des 18. Jahrhunderts, bedeutet sie einen Fortschritt, eine Entwicklung? Man kann daran zweifeln. Das stellt eher einen völligen Rückschritt dar, der nur den Reiz einer Kopie bietet, mehr oder weniger gelungen übrigens, da auf einer solchen Orgel die alte Musik keinen Wert von Authentizität gewinnt. Gravierend ist der rückschrittliche, lähmende Aspekt. Denn man muss dennoch zugeben, dass die Organisten Interpreten sind, deren Auftrag es ist, dem Publikum, das sich mehr und mehr für unser Instrument interessiert, das ganze Repertoire der Orgel bekannt zu machen. Man muss ebenfalls zugeben, dass wir Orgeln nicht nur für uns bauen, sondern für die zukünftigen Generationen (2). Wenn man heute unvollständige Recits baut, so verwirft man gleichzeitig ein Jahrhundert französischer Orgel-Literatur. Man bewirkt, dass Organisten außerstande sind, Franck, Vierne, Tournemire, Dupré und Messiaen mit den von ihnen gewünschten Klangfarben zu interpretieren. Die einen versichern in aller Ruhe, dass man auf diesen Nachahmungs-Instrumenten sehr gut Franck spielen kann, dass sie das nicht stört. Es ist ihnen nicht so wichtig, dass der Komponist diese oder jene Registrierung angegeben hat – sie machen ihre eigene Sache daraus. Andere würden sagen, dass die Frage sie nicht interessiert, denn sie mögen Franck nicht und spielen ihn nie. Diese werden mehr zu bedauern als zu tadeln sein.

Auf einer anderen Ebene, der der Komposition, ist diese Nachahmungs-Orgel gleichermaßen lähmend und sogar abstumpfend. Sie zwingt den Komponisten, sich auf den Stil einer bestimmten Epoche zu beschränken, entweder auf die Polyphonie, über die es wirklich nichts mehr zu sagen gibt nach J. S. Bach, oder aber sich auf das Gebiet der Recits, Duos, Basses und Dialogues des 18. Jahrhunderts zu begrenzen, wo man sich gleichfalls fragt, was man noch viel schreiben kann nach Grigny und Couperin.

Es wäre Zeit, sich über eine Orgel-Ästhetik des 20. Jahrhunderts einig zu werden, denn wir kommen bald im vierten Viertel dieses 20. Jahrhunderts an. Aber welchen Typ von Orgel muss man heute bauen, fragt man? Das ideale Instrument, diese vielseitige Orgel, auf der es möglich wäre, alles zu spielen, die Musik aller Stile, aller Epochen und aller Länder, existiert nicht und wird nie existieren. In der Tat, diese Orgel ist nicht realisierbar, was auch vorzuziehen ist, denn sie hätte überhaupt keinen Charakter. Jedes Land wird immer seinen musikalischen Stil haben, in dem sich sein spezielles Genie widerspiegeln wird. Die Orgel wird diesem Naturgesetz nicht entgehen. Im Gegenteil, sie wird sich an eine bestimmte Form von Handschrift anpassen. Sie begünstigt sie sogar. Muss man das bedauern? Sicherlich nicht, da sie so ja von dieser Vielfalt der Eigenart profitieren wird, die gerade einer ihrer anziehendsten Aspekte ist. Aus diesem Grund kann man wünschen, dass die französischen Orgelbauer die Entwicklung der musikalischen Handschrift und bestimmte Errungenschaften des Baus berücksichtigen, die seit einem Jahrhundert dieser Entwicklung zugrunde gelegen haben und die den französischen Komponisten, von Franck bis Messiaen, erlaubt haben, sich frei auszudrücken. Man kann wünschen, dass diese Entwicklung nicht abrupt unterbrochen werde durch eine Rückkehr zu einem Instrumentenstil, der eine glanzvolle Epoche gekennzeichnet hat, sicher, aber der heute ein Anachronismus wäre.

Nach dem Übermaß der Romantik, nach dem Übermaß der Barock-Orgel erschiene es vernünftig, uns den Instrumententyp, den wir suchen, in der goldenen Mitte vorzustellen. Das Etikett "neoklassisch", das manchmal kritisiert wird, ohne dass man ihm eine andere gültige Formel gegenüberstellen könnte, scheint diesem Wunsch dennoch zu entsprechen. In der Tat ist es unmöglich, auf die Errungenschaften eines Aristide Cavaillé-Coll zu verzichten, der zu einer bestimmten Zeit heftig und zu Unrecht angegriffen wurde, der aber glücklicherweise heute rehabilitiert ist, da man der Kommission für Orgeln ja die Rückführung seiner schönsten Instrumente vorschlägt. Wenn man mir erlaubt, eine persönliche Meinung zu äußern, würde ich sagen, dass eine Orgel vom Stil von Saint-Eustache, mit ihren schönen französischen Zungenstimmen, eine besonders gelungene Synthese darstellt, denn sie gibt dem Organisten alle Möglichkeiten, die er sich zurzeit wünschen kann, um die französische Musik zu interpretieren.

Wenn die Renaissance der klassischen Orgel heute eine berechtigte Gunst erfährt, wäre es ein großer Irrtum, dass man so weit kommt, das Exklusive zu ver-

werfen bei allem, was in der Folge geschrieben wird. Es wäre wünschenswert, auch in Richtung Zukunft zu schauen.

(1). "L'Orgue", Nr. 140, Oktober-Dezember 1971.

(2). Ein Instrument dieser Art wäre in einer Orgelschule am Platz, wo es viele Instrumente verschiedenen Typs gäbe und wo die Schüler den Stil und die Registrierung der Musik der Klassik lernen könnten.

Eine Zusammenfassung seiner Vorstellungen liefert Duruflé noch einmal selbst in einem Interview auf die Frage, welches die ideale Orgel für die Interpretation seiner Werke sei bzw. ob das die Orgel von Saint-Étienne-du-Mont sei. Duruflé antwortet darauf:

„Nicht unbedingt. Unsere Orgel in St-Étienne-du-Mont ist wunderschön, aber sie ist nicht perfekt. Welche Orgel ist das schon? Wie viele Organisten glaube auch ich, dass die Orgel von Notre-Dame die schönste ist, ohne Zweifel. Die Organisten sollten heutzutage die Wahl haben, das zu spielen, was sie spielen möchten und nicht durch bestimmte „Möglichkeiten" eingeengt zu werden. Dennoch sollten die Dispositionen vernünftig sein und sorgsam aufgestellt werden. Ich spreche mich auch für eine leichtgängige, geräuschlose mechanische Traktur aus, mit einem frei einstellbaren, elektronischen Kombinationssystem. Eine solche Orgel sollte auch ein Schwellwerk mit mechanischem Schwelltritt haben, der Manualumfang sollte 61 Töne, der Pedalumfang 32 Töne haben; dazu alle Koppelmöglichkeiten, einschließlich Récit/Positiv; die Pfeifen sollten auf Tonhöhe geschnitten sein, mit klarer Intonation und ziemlich niedrigem Winddruck; natürlich sollte die ganze Orgel in einem Gehäuse stehen."

Auf die anschließende Bemerkung, man nun könne einwenden, dass bei einer solcherart beschriebenen Orgel kaum noch von einem einheitlichen Charakter die Rede sein könnte, erwiderte Duruflé:

„Durchaus nicht. Jede Orgel muss ein in sich geschlossenes Kunstwerk sein, intoniert und abgestimmt auf den jeweiligen Raum und seine Akustik. Wenn Sie trotzdem „authentischen" Klang, z.B. für eine Aufnahme, haben möchten, können Sie ja auf einer originalen Cavaillé-Coll-Orgel, Schnitger- oder Clicquot-Orgel spielen."[61]

---

[61] Interview mit Maurice Duruflé in „The American Organist", November 1980, zitiert nach Hielscher, Hans Uwe (Hg.) „Französische Orgelkunst der Spätromantik", S. 41.

Die Orgel Duruflés ist also die neoklassizistische Orgel, ein Kompromiss zwischen der symphonischen Orgel eines Aristide Cavillé-Coll und dem französischen und deutschen polyphonen Instrument am Ende des 17. Jahrhunderts, die das auf dem Instrument adäquat darzustellende Repertoire stilistisch nicht einengt, sondern dem Organisten die Möglichkeit gibt, die Literatur der vergangenen Epochen noch bzw. wieder darzustellen. So könnte man auch diese Schlussfolgerung umkehren, dass die Orgelwerke Duruflé auf keinen Fall eine bestimmte Orgel zur Wiedergabe brauchen (erinnert man sich zudem noch einmal an die Tatsache, dass die Orgelhauptwerke zu einer Zeit entstanden sind, als Duruflé nur die Chororgel von Saint-Étienne-du-Mont zur Verfügung hatte bzw. die Orgel von Notre-Dame in seiner Heimatstadt Louviers), dass sie aber natürlich im Rahmen der eben auch geschilderten typischen französischen Orgelästhetik entstanden sind.

Zuletzt möchte ich noch eine Passage aus dem Interview mit Duruflé wiedergeben, die über einen Registriervorgang von nicht geringer Bedeutung Aufschluss gibt. Sicherlich ist diese Aussage für den Orgelunterricht von Bedeutung, wenn es um die Umsetzung der durufléschen Registrieranweisungen geht, die wie oben erwähnt, ja wohl überlegt formuliert wurden:

„Wenn Sie in Ihren Partituren fordern: „Enlever les anches et les mixtures", sollen dann auch, wie bei den „appels d'anches" einer Cavaillé-Coll-Orgel, die 2 2/3`- und 2`-Register weggenommen werden?

(M.D.): Natürlich. Wenn Franck oder Vierne das Hinzutreten der Zungenstimmen fordern, meinen sie damit, den entsprechenden Tritt „Appel d`anches" zu bedienen, der neben den Zungen natürlich ebenfalls die 2`- und 2 2/3`-Register sowie die Mixturen zum Klingen brachte. Grundsätzlich: Wenn man den Zungeneinführungstritt eines Teilwerkes betätigt, schließt das immer die Mixturen und Cornets mit ein. Da die Cavaillé-Coll-Orgel und ihre Besonderheiten eine solch lange Tradition in Frankreich hat, wird auch heute noch nach diesen Prinzipien verfahren." [62]

---

[62] Interview mit Maurice Duruflé in „The American Organist", November 1980, zitiert nach Hielscher, Hans Uwe (Hg.) „Französische Orgelkunst der Spätromantik", S. 40.

Unterschrift von Maurice Duruflé[63]

---

[63] Signature autographe de Maurice Duruflé, 1959 (photo et collection. Denis Havard de la Montagne). Mit freundlicher Genehmigung von Denis Havard de la Montagne, rédacteur en chef de Musica et Memoria et du dite www.musimem.com.

II. ANALYTISCHER TEIL

Im nachfolgenden Abschnitt sollen die Eigenkompositionen[64] für Orgel von Maurice Duruflé gemäß der Vorgabe unter den Aspekten der Form, Ästhetik und Technik und in der Reihenfolge der Opuszahlen analysiert werden, um darauf aufbauend dann Schlüsse für die Verwendung im Orgelunterricht ziehen zu können. Auf Grund des vorgegebenen Umfanges und der Aussagekraft der Eigenkompositionen habe ich hier auf die Hinzuziehung der transkribierten Orgelimprovisationen Viernes durch Duruflé, das Orgelkonzert von Poulenc und die eigenständige Analyse der Orgelparts der „Missa cum jubilo" und des „Requiems" verzichtet, wobei die Betrachtung dieser Werke in die Analyse der übrigen natürlich mit einfließt.

1. Die Orgelwerke unter dem Aspekt der Form, der Harmonik und der Ästhetik

1.1. Das „*Scherzo*" op. 2 von 1926

Als erstes Orgelwerk komponierte Maurice Duruflé noch während seiner Studienjahre das „Scherzo", das er seinem Orgellehrer Charles Tournemire in „dankbarer Anerkennung"[65] widmete. Die Form des Scherzos ist zu Duruflés Zeit gebräuchlich, v.a. als Sätze innerhalb einer Orgelsymphonie. Isoliert erscheinen solche Sätze im Laufe des 19. Jahrhunderts – wie unten gezeigt werden wird – allerdings vermehrt in der Klavierliteratur als „Charakterstücke" oder in Orgelkonzerten als (improvisierte) Zugaben.

---

[64] Der ohnehin schon gesprengte Rahmen dieser Arbeit lässt leider nur die Analyse der wirklichen Eigenkompositionen unter den oben genannten Aspekten zu. Wenngleich wohl auch die Orgel-Transkriptionen von Duruflé und die Rekonstruktionen der Improvisationen Tournemires und Viernes durch ihn interessant wären und auch die Orchesterwerke Rückschlüsse auf die Orchestrierungs- und Registrierungsvorstellungen Duruflés bieten könnten, so vermitteln die Orgelkompositionen, die zudem auch den größten Anteil im Gesamtwerk Duruflés bilden, wohl die wichtigsten Erkenntnisse, die es im Orgelunterricht zu vermitteln gilt. Analogien in den Orgelparts der „Missa cum jubilo" und des „Requiems" werden natürlich an entsprechender Stelle aufgezeigt.

[65] „Hommage reconaissant".

Das Substantiv zu „scherzare" bezeichnet einen Scherz und wird seit Beginn des 17. Jahrhunderts auch in der Musik als Benennung für verschiedene Formen meist kurzer kanzonettenartiger Vokalstücke tänzerischen Charakters im Gegensatz zu süß-schweren lyrischen Stücken sowie als Bezeichnung für kurze, tanzähnliche Instrumentalstücke verwendet. Zu einem musikalisch prägnanten und formbestimmenden Terminus technicus wird der Ausdruck „Scherzo" erst durch Joseph Haydn, der die Menuette seiner 1781 gedruckten Streichquartette Opus 33 so überschreibt. Beethoven übernahm von Haydn diese Bezeichnung, so dass das „Scherzo" im 19. Jahrhundert generell zur Benennung der aus dem Menuett hervorgegangenen schnellen Mittelsätze im instrumentalen viersätzigen Instrumentalzyklus wurde. Seit dem frühen 19. Jahrhundert werden außerdem Charakterstücke für Klavier, später auch für Orchester, „Scherzo" genannt. Dabei bezieht sich die Bezeichnung anders als beim „Scherzo" im symphonischen Instrumentalzyklus weniger auf eine bestimmte formale Anlage des Stückes als vielmehr auf den Charakter, der ganz im Sinne des Wortes das Spielerische, Leichte, Geschwinde oder auch das musikalisch Burleske und Groteske umfassen kann.

Bei Haydn op. 33 sind die „Scherzi Finali" dreisätzige Zyklen mit einem Menuett als langsamen Mittelsatz. Die Scherzi haben die auch für das Menuett typische Tanzform /:A://:BA:/, stehen meist im ¾-Takt und sind durchwegs von kurzen, aber streng periodischen Taktgruppen mit einer schnörkellosen Leichtigkeit, die sie von den behäbigeren Schreittänzen, den Menuetten, trotz gleicher Form unterscheiden.

Bei Beethoven stellen Scherzi eine moderne Form des Menuetts dar: Wesensgleich sind ihnen der Dreiertakt, die Bewahrung der Form des Menuetts samt Trio und vom Rhythmus des Tanzes geprägte Momente unter Verwendung kürzerer und staccatierter Notenwerte. Der makroformale Aufbau ist hier: Scherzo-Trio-Scherzo da capo mit obigem Scherzoaufbau (auch im Trio).

Im Laufe des 19. Jahrhunderts löste sich das „Scherzo" als Charakterstück aus dem Satzverband der Symphonie zu einem selbstständigen Stück mit einer dreiteiligen, um einen kontrastierenden, meist etwas ruhigeren Mittelsatz, das Trio, gruppierten Wiederholungsform. Die frühesten selbstständigen „Scherzi" finden sich bei Frederik Chopin, Opera 20, 31, 39 und 54 für Klavier. Es handelt sich dabei um hochvirtuose Charakterstücke, die auf ständige Kontrastwirkungen mit stets rhythmisch prägnanten Bewegungen hin ausgerichtet sind.

Auch für Orchester entstanden zahlreiche Scherzi, so z.B. von Paul Dukas das „*L'apprenti sorcier. Scherzo d'après une Ballade de Goethe*" („Der Zauberlehrling") von 1877, dessen Einfluss bei Duruflés Scherzo hörbar ist.

Duruflés Erstlingswerk für Orgel steht vollkommen in der Tradition der französischen Orgelsymphonik, man denke nur an die berühmten Scherzi, die allerdings allesamt in Orgelsymphonien und nicht alleinestehend zu finden sind.

- Ch. M. Widor, IV. Symphonie, 4. Satz (mit Doppelpedal im Mittelteil)
- L. Vierne I. Symphonie, 4. Satz (aber in der Bezeichnung „Allegro vivace")
- derselbe II. Symphonie, 3. Satz
- derselbe III. Symphonie, 3. Satz (in der Bezeichnung „Intermezzo")
- derselbe V. Symphonie, 3. Satz als Scherzo und VI. Symphonie, 3. Satz dito
- F. A. Guilmant, 5. Orgelsonate, 3. Satz

Das Scherzo Duruflés beginnt unüblicherweise mit einer 15-taktigen dominantischen, langsam gehaltenen Einleitung, während traditionell das Scherzo stets schnell beginnt und im Mittelteil – dem Trio – verlangsamt. Die ersten 7 Takte stellen eine Akkordfolge (Motiv α) mit der Akkordverbindung C mit sixte ajoutée – (Lagenwechsel und Rückkehr zur Ausgangslage) G-Dur dominantischer Septakkord – (Lagenwechsel und Rückkehr zur Ausgangslage) – trugschlüssige Verbindung zu As-Dur mit sixte ajoutée-Es-Dur-Quartsextakkord – und großterzverwandt zurück zu C-Dur-Dreiklang dar über dem dominantischen Orgelpunkt C. Dieser Beginn ist mit der Gambe und der Streicherschwebung Voix céleste des Récit registriert und verschleiert den ¾-Takt des Stückes, aber noch mehr die Grundtonart f-Moll durch diese angedeutete C-Dur-Kadenz mit tiefalteriertem Trugschluss. Diese eine Grundstimmung erzeugende Phrase wird unterbrochen von einem zweitaktigen Achtelmotiv (β), das in der Begleitung des Hauptthemas wieder zu finden ist und so dieses ankündigt. Das Achtelmotiv wird auf dem Positiv, registriert mit Bourdon 8′ und Flûte douce 4′, gespielt und im Takt 10 wieder von Akkordfortschreitungen nach Vorbild des Motives α unterbrochen. Nach den Dreiklängen Ges-C-f mit großer Septe, Non und mit akustischer Tredezime-b-Moll-Nonakkord (mit folgender Auflösung des b zu h) folgen nach Art des Taktes 8 wiederum zwei Takte β′ als Einleitung des eigentlichen Scherzothemas. Diese beiden Einleitungstakte stehen schon im „Tempo vivace" und wiederum auf dem Positiv, das dann auch das Thema präsentiert. Die Begleitung zum Thema wird auf dem mit Bourdon 8′, Flûte 4′ und Nasard 2

2/3´ umregistrierten Récit gespielt. Das Thema ab Takt 15 steht nun in der Tonika f-Moll, wobei interessanterweise der Leitton „e" in den ersten 6 Takten nicht vorkommt und ab Takt 22 dann „es" geschrieben steht. Somit steht die Tonalität der Modalität näher und man müsste eher von f-äolisch sprechen. Da aber das Stück weder der Gregorianik entlehnt ist noch ein äolischer Modus auf Grund der vielen Alterationen konsequent verfolgt wird und der Beginn ein traditionelles Grundtonbezugsschema durch das dominantisch gebrauchte C-Dur darstellt, möchte ich im weiteren die Bezeichnung f-Moll beibehalten – natürlich im Wissen um den fehlenden Leitton.

Das Hauptthema im A-Teil gliedert sich in drei Teile. Der Themenkopf umfasst 6 (Motiv χ, in sich dreigeteilt, aber in dieser Einheit immer auftretend; Takt. 16-21) + 6 Takte (Motiv δ, aber χ stark entlehnt: cf. T. 24). Hierauf wird χ wiederholt (T. 28-33), aber anders (Motiv ε) abgeschlossen (T. 34-39). Der A-Teil wird abgerundet mit einer „Coda" (φ), bestehend aus einer 3x3-taktigen Weiterführung des Hauptmotivs (χ) in Form von der Motivdarstellung (T. 40-42), der Wiederholung (T. 43-45) und einer einmaligen abwärtsgerichteten Sequenz (T. 46-48). Während dieser Motivik in der rechten Hand läuft die Begleitung in der linken Hand stets weiter und es entwickelt sich ein kleiner Dialog zwischen dem leicht variierten und auf zwei Takte zusammengezogenen Motiv in der rechten Hand, das im Takt 50 noch einmal erscheint und dem Pedal, das die Quint- und Quartsprünge des Themas aufnimmt und ab Takt 51 mit dem nur noch letzten abgespaltenen Takt als Motiv in der rechten Hand alterniert. Aus diesem erwächst homogen die „Überleitung" zum B-Teil des Scherzos: einem Pedalsolo bestehend aus dem Ostinato „A-e" (Takt 60-62). Im Takt 63 erscheint das Thema des B-Teiles, motivisch eng verwandt mit den einleitenden Takten (α). Wie dort besteht das Thema aus synkopisierten Akkorden in tieferer Lage. Allerdings ist die Registrierung unterschiedlich: es wird nicht die Gambe und Voix céleste vorgeschrieben, sondern zum Bourdon 8´ und der Flûte 4´ soll der Octavin an Stelle des Nasard hinzugezogen werden. Dieses, zum stark rhythmisch geprägten ersten Thema durch seine Melodik kontrastierende Hauptthema (γ) von Takt 63-71 steht in der parallelen Durtonart As-Dur und lässt sich in 2x4 Takte gliedern (63-66 und 67-71), in denen unter leicht veränderter Begleitung das Thema im Sopran wiederholt wird. Als Harmoniefolge lässt sich erkennen: A mit sixte ajoutée (Lagenwechsel – Rückkehr – Figuration der Melodie mit der unteren diatonischen Nebennote in den beiden Oberstimmen parallel im Abstand einer großen Terz) – Wiederholung dieser zwei Takte – Dur-Quartsext-Mixturenbewegung über dem Orgelpunkt „As" im „Tenor" mit der Folge Ces/B/As. Unter dieser Überstimme wird eine auch in Synkopen geführte Pedalstimme aus dem vorherigen Quintostinato entwickelt. Diese 8 Takte werden sozusagen als einmalige „reale Sequenz" von Takt 71 bis 78 in H-Dur (erreicht ohne Modulation durch Rückung) wiederholt (γ′).

Motiv γ (eine Oktave höher notiert)

Von Takt 79 bis 103 wird dieses Motiv γ nun motivisch verarbeitet und nicht nur durch die Stimmen, sondern auch durch verschiedene Tonarten geführt. Dabei tritt ein neues Begleitmotiv in der Oberstimme der linken Hand auf, nämlich eine akkordische Figuration in Achteln, oft mit einer Achtelpause zu Beginn. Nicht nur die Motorik dieses Themas ist der Begleitung des Hauptthemas im A-Teil (χ) entlehnt, sondern auch die Intervallik als melodische Augmentierung der Wechselnotenstruktur. Dieses Prinzip findet sich auch schon im A-Teil (cf. T. 40 ff.). Takt 79 bis 90 steht in D-Dur (gegen Ende hin natürlich stark modulierend) und das Motiv erscheint von Takt 79 bis 82 in der Unterstimme der linken Hand mit „fis^1" beginnend, von Takt 83 bis 86 und durch das den Modulationsvorgang in das folgende Des–Dur unterstützende „as" im Takt 89 leicht verändert wiederholt von Takt 87-90 im Sopran, jeweils mit „c^2" beginnend. Während dieser Verarbeitungsphase findet auch ein Schwellercrescendo hin zu Takt 91 statt, der mit der Vorzeichnung von D-Dur und der melodischen Führung des Soprans den Höhepunkt des B-Teiles darstellt. Hier wird das Motiv über gebrochenen aufwärtssteigenden Staccato-Dreiklängen im Pedal erst im Sopran (T. 91-94) mit „as^2" beginnend und im Anfangsintervall der fallenden Quinte hin zur fallenden Terz abgeändert, dann im Pedal, ebenfalls mit „as$^{(0)}$" beginnend und dann wieder im Sopran (T. 99-103) mit „as^2" beginnend weitergeführt. Es folgt eine Überleitung zu einem in Fis-Dur stehenden Abschnitt – wobei das Fis-Dur nicht erreicht wird, sondern über die ganze Phrase durch die sich immer mehr aufbauende Dominante Cis nur vorbereitet wird –, in dem von Takt 107 bis 109 noch einmal die ersten vier Takte des γ-Themas in der Oberstimme zu finden sind, ehe die charakteristische Wechselnote abgespalten wird und die Bewegung zum Stillstand kommt.

Die Überleitung vor diesen Takten ist motivisch durch das Einwurfmotiv aus den Einleitungstakten geprägt (Motiv β).

Nach diesem Stillstand folgt nicht wie zu erwarten ein fis-Moll-Teil, sondern die Reprise des A-Teils in f-Moll. Nicht nur durch die Tonart, sondern auch durch den Themenaufbau in wiederum 2x6+6 Takte und Coda gleicht dieser Teil dem A-Teil. Ein Unterschied jedoch findet sich bei der Wiederholung des χ-Motives mit folgendem ε-Motiv (T. 136-146): Hier beteiligt sich das Pedal nicht wie im A-Teil mit einem Orgelpunkt „c", sondern mit einer eigenen Melodiefloskel, die durch den Quartsprung (als Komplementär zur Quinte) und der nachfolgenden Wechselnotenfigur stark an den Themenkopf des B-Teil-Hauptthemas erinnert (γ′′). Nach der Coda dieses A′-Teiles folgt wieder eine Überleitung in den nächsten Formabschnitt C. Diese Überleitung ist durch den synkopischen Rhythmus natürlich mit der Scherzoeinleitung verwandt, weist aber mit der Harmonik schon auf den folgenden Teil hin. Hier steht nun eine typisch impressionistische Harmonik im Vordergrund mit ihren Merkmalen der Mixturen, der Variantentechnik und des Distanzprinzips, das Anklänge an die alternierende Achtstufigkeit und damit den Modi Messiaens bringt. So stellen Takt 167-169 harmonisch eine zweigliedrige Dur-Quartsextmixtur Fis-Gis dar mit anschließender zweigliedriger grundstelliger Dreiklangsmixtur Fis-a. Der Tonvorrat dieser letzten Verbindung kann Messiaens II. Modus 2. Transposition entnommen werden. Somit ist belegt, dass diese Verbindung dem Prinzip der alternierenden Achtstufigkeit[66] gehorcht. Der nachfolgende C-Teil (T. 170-227) ist nun charakterisiert durch diese farbige Distanzharmonik, die in den akkordischen Verbindungen meist verschobener Mixturen liegt. Der erste Abschnitt des neuen Teils (Takt 170-181) besteht zuerst aus „verschobenen" Dreiklängen über einem Orgelpunkt „a", deren Spitzentöne folgende Linie ergibt (Motiv η):

Melodie aus den Spitzentönen des Themas η

---

[66] Die alternierende Achtstimmigkeit (cf. dazu das Kapitel „12. Distanzharmonik" in Gárdonyi, Zsolt u. Nordhoff, Hubert: „Harmonik") ist eine Abfolge von acht Tönen alternierend in einer konsequent beibehaltenen Folge von Ganz- und Halbtönen. Auf diesem Prinzip beruht wie erwähnt auch der II. Modus Messiaens.

Die Dreiklangsfolge ist eine Moll-Sextakkordmixtur a-h-c mit nachfolgendem H-Quartsextakkord, dem seine Umkehrung in einen Sextakkord folgt, sowie a-Quartsextakkord und darauf a-Sextakkord. Hierauf folgen drei Takte Einwurf des δ-Motives aus dem A-Teil. Betrachtet man den Tonvorrat dieser eben beschriebenen Stelle, so könnte dieser bis auf das „g" im Takt 172 aus dem II. Modus von Messiaens 3. Transposition gezogen werden. Leicht variiert durch Beteiligung der linken Hand parallel zur Mittelstimme der rechten Hand und einer Schlusswendung des δ-Motives in E-Dur, werden diese Takte noch einmal wiederholt (T. 182-200), während die Bewegung wieder abnimmt, um mit einem weiteren musikalischen Gedanken erneut zu erstehen. Unter der folgenden Fermate wird ein Cis-Dur-Akkord gehalten, der aus dem vorherigen E-Dur mittels Variantentechnik entstanden ist. Von Takt 201 bis 227 wird das η-Motiv leicht abgeändert, indem der Terzsprung vom dritten zum vierten Takt zu einem Sekundschritt verringert wird und sich dadurch eine auf- und wiederum absteigende melodiöse Linie ergibt (T. 201-206 in der Oberstimme der rechten Hand-Motiv ι). Diese mit Flûte 8′ vorgetragene Linie, die sehr an die Stelle „in paradisum" aus dem Requiem von Gabriel Fauré erinnert, wird von der weiterhin mit Gambe und Voix céleste registrierten Quintolenstruktur begleitet, die durch ihre Struktur der akkordischen Figuration an die Begleitung des g-Motivs aus Takt 79 erinnert und somit diesen C-Teil motivisch an den B-Teil annähert. In diesen in E-Dur stehenden, „Piu lento" zu spielenden Takten wird diese Linie ι wie auch schon das Motiv g des B-Teils durch die Stimmen geführt und ist so von Takt 201-206 in der Oberstimme der rechten Hand, hierauf bis Takt 211 in der Oberstimme der linken Hand und ab 210 damit ineinandergeführt im Pedal zu finden. Es folgen 6 überleitende Takte, ausgehend von E-Dur über den teilpentatonisch anmutenden Akkord e-Mi bzw. in der Umkehrung (T. 217) dann g-Sol zurückkehrend in die Haupttonart des Scherzos, f-Moll. Dieses wird im Takt 219 erreicht und damit ist auch zum ersten Mal in dem Stück das Hauptwerk als Manual vorgeschrieben. Motivisch wird hier das ι -Thema in der rechten Hand in Dreiklangsmixturen geführt über der leicht variierten Achtelbegleitlinie bis im Takt 228 unter dem Orgelpunkt „c^3" in der Oberstimme der rechten Hand ein Viertel-Staccato-Dreiklangsbrechungsmotiv erscheint, das sich bis zum Einsetzen der Reprise des A-Teils im Takt 261 zunehmend zum Hauptthema χ transformiert. In dieser Form erscheint es dann erstmals deutlich strukturell im Takt 237 und wird als Überleitung von Takt 248 bis 260 in sein eintaktiges Kopfmotiv aufgespalten und mit einem schließenden duolischen Quartsprung abwärts abgeschlossen zwischen der linken und rechten Hand kanonisch sequenzierend geführt. Diese A-Teil-Reprise entspricht strukturell und formal mit der Gliederung in Thema (6x6) Takte und Wiederholung mit abgewandelten Schluss (6x6 Takte) und Coda wieder dem ersten Teil, auch im Bezug auf die Pedalverwendung. Es folgt in der Coda des A-Teils eine Steigerung bis zum Schluss hin, die Duruflé aber kurz vor dem Höhepunkt abbricht, um das Stück mit einer Schlusscoda zu beenden. So folgt nach einer Generalpause im Takt 306 auf dem Récit das η-Motiv aus dem C-Teil in a-Moll, bevor das Thema in einer lyrisch-romantischen Form mit augmentiertem Themenkopf und in der Dur-Variante F-Dur ab Takt 315 noch einmal erklingt. Berückende Harmonien, erzeugt durch die Staffelung harmoniefremder Töne wie Septen, Nonen und Tredezimen, bringen das Stück zu einem ruhevollen, sich in der Unendlichkeit von Klang, Zeit und Raum verlierenden Ende. Nach meiner Analyse ergibt sich für den formalen Aufbau des von der ursprünglichen dreiteiligen Liedform zur Rondoform[67] erweiterten „Scherzos" folgende Übersicht:

Teil	Takt	Thema/Motiv	Tonart	Registrierung
„Prélude"	1-7	„Akkordmotiv" α	(Dominante C-Dur)	R: Gambe, Voix céleste P: Bourdon 8, +/.Flûte doùce 4 Ped: Soubasse 16, Bourdon 8
	8-9	Begleitmotiv des HT β		
	10-13	α'		
	14-15	β'		
A - Teil	16-27	Thema χ + δ (6x6 Takte)	f-Moll	R: Bourdon 8, Flûte 4, Nasard 2 $^{2}/_{3}$ P: Bourdon 8 Ped: Bourdon 8, (+Soubasse 16)[68]
	28-39	Thema χ + ε (6x6 Takte)		
	40-59	„Coda"		
	60-62	Überleitung I	f-Moll	s.o.
B - Teil	63-71	Thema aus Motiv γ	As-Dur	R: - Nasard, +/.Octavin[69] P: s.o. Ped: s.o.[70]
	72-79	γ'	H-Dur	
	79-90	γ durch die Stimmen	D-Dur	
	91-103	geführt und verarbeitet	Des-Dur	
	104-106	β-Motiveinwurf		

---

[67] Dies findet sich aber auch schon bei Guilmant in dessen Scherzo aus der V. Orgelsonate- a.a.O.
[68] Wird im Takt 49 hinzugezogen.
[69] Umregistrierung aber erst in den letzten überleitenden Takten.
[70] Steigerung im Verlauf durch Hinzuziehen der Koppeln.

	107-123	(γ-Motiv abgespaltet)	Fis-Dur[71]	
A'- Teil	124-135	Thema χ + δ (6x6 Takte)	f-Moll	R: Bourdon 8, Flûte 4, Nasard 2 $^2/_3$
	136-146	Thema χ + ε'[72] (6x6 Takte)		P: Bourdon 8
	147-166	„Coda"		Ped: Bourdon 8,
	169-169	Überleitung II	fis ~> a	R: Gambe, Voix céleste
C - Teil	170-178	η-Motiv	a-Moll	
	179-181	δ'-Motiv		
	182-196	η-Motiv		
	197-200	δ'-Motiv		
	201-206	ι-Motiv mit γ'-Begleit.	E-Dur	R: Gambe, Voix céleste
	207-212	ι-Weiterverarbeitung		P: Bourdon 8 (Flûte 8 solo)[73]
	213-219	Zwischenspiel	e-Mi / g-Sol	Ped.: Soubasse 16, Bourdon 8
	220-227	ι-Motiv in Mixturen	f-Moll	
Überleitung	228-233	zurückformierendes χ	f-Moll	
	235-236	Variante von T. 220 (ι)		
	237-248	zurückformierendes χ		
	249-256	χ' im Kanon		R: Bourdon 8, Flûte 4, Nasard, Octavin
	257-260	χ' einstimmig als Sequenz		
A - Teil	261-272	Thema χ + δ (6x6 Takte)	f-Moll	R: Bourdon 8, Flûte 4, Nasard, Octavin
	273-284	Thema χ + ε (6x6 Takte)		P: Bourdon 8, Flûte 4
	285-305	„Coda"		Ped: Flûtes 8-4
Co-	306-314	η'	a-Moll	R: Gambe, Voix céleste, P: Flûte 4
	314-334	χ mit augment. Themenk.	F-Dur	s.o.+Ped: Soubasse 16, Bourdon 8

Hierbei fällt v.a. noch auf, dass auch die Registrierung formbildend wird und so gleiche thematisch-motivische Passagen an eine Klangfarbe gebunden sind. Des Weiteren wird ersichtlich, dass in diesem Scherzo, ebenso wie auch bei anderen der französischen Orgelsymphonik (z.B. Guilmants V. Orgelsonate) die traditionellen Taktgruppeneinheiten samt ihrer formbildenden Wiederholungen zu

---

[71] Durch die Vorzeichen und die Dominante (samt Orgelpunkt) Cis ausgedrückt, aber nicht erreicht-cf. Analyseteil.
[72] Variante und Themenverknüpfung im Pedal siehe Analyseteil.
[73] Angabe T. 200.

Gunsten einer motivischen Weiterverarbeitung aufgelöst werden. Dieses Jugendwerk Duruflés mit einfachem sinfonischen Stil zeigt schon die später dann differenzierte Auffassung einer Orgel-Konzeption mit orchestraler Schreibweise.

Wie im biographischen Teil erwähnt, gibt es eine Orchestrierung von 1940 durch Duruflé, die aber an mehreren Stellen auch musikalisch-formal von der Originalkomposition abweicht; außerdem wurde dem Scherzo ein „Andante" vorangestellt zu einem „*Andante et Scherzo pour Orchestre*", opus 8 (Durand).[74]

Soweit die formal-harmonisch-ästhetische Betrachtung. Betrachtet man das Werk unter technischen Aspekten, so findet man darin schon alle spezifisch durufléschen Techniken, aber auch Schwierigkeiten, für die im letzten Abschnitt dieser Arbeit methodische Erarbeitungsaspekte aufgezeigt werden sollen. Die Orgelmusik Duruflés stellt an den Interpreten einen sehr, sehr hohen technischen Anspruch und setzt eine große Manual- und Pedalfertigkeit voraus sowie die überlegene Beherrschung des Instrumentes, was z.B. noch das eigenständige souveräne Schwellen und Registrieren mit einschließt. Schon das A-Thema des Stückes verlangt zwei unterschiedliche Anschlagsarten: zum einen das scharfe, scherzohafte Staccato in der rechten Hand und das Legato in der linken Hand. Hier kommt noch hinzu, dass in der linken Hand die für Duruflé typische Wechselnotenfigur liegt, die im Endtempo des Stückes zu einer Trillerfigur wird und ein lockeres Handgelenk mit doch kontrolliert geführten Einzelfingern fordert. In der Begleitfigur der Themenreprise (z.B. Takt 296 ff.) werden Finger durch überbundene Noten gefesselt, während andere diese Wechselnotenfiguren spielen müssen, die in dem Endtempo zu Trillerfiguren werden. Eine Legatoartikulation ist im Stück ebenso als Grundprinzip vorauszusetzen wie eine musikalische Betätigung des Schwellers, da Duruflé in der Tradition der französischen Orgelromantik steht. Diese Schwellerbetätigung wird durch gleichzeitiges Doppelpedalspiel oder das Pedalspiel, für das beide Füße erforderlich sind, erschwert, was ein sukzessives Schwellen mit sich bringt. Genauer soll – wie gesagt – darauf unter Einbezug der anderen Stücke am Ende dieses Buches eingegangen werden.

---

[74] Leider war es auch auf Grund der Greifbarkeit der Partituren im Rahmen dieser Arbeit nicht möglich, die Orchestrierung der Orchesterversion mit der Orgelversion zu vergleichen, was sicherlich einen interessanten Aspekt über das Verständnis Duruflés von Orchestration und Orgelregistrierung geliefert hätte.

Bedenkt man unter diesen technischen Gesichtspunkten, dass die Uraufführung Duruflés Studienkollege André Fleury nach nur einer Woche Vorbereitungszeit im Hôtel Majestic spielte, so muss man dieser Leistung großen Respekt zollen.

1.2. Prélude, Adagio et Choral varie sur le Théme du „Veni Creator" op. 4 von 1930

Duruflé hat dieses Tryptichon 1930 im Alter von 28 Jahren geschrieben und seinem Lehrer Vierne mit den Worten „*Affectueux hommage à mon Maître Louis Vierne*" gewidmet. Die Hommage an Vierne findet sich im Formaufbau des 1. Satzes (darauf wird in der folgenden Analyse noch eingegangen), und in einem Vierne verwandten Stil.

Mit der kompositorischen Idee von verschiedenen Sätzen bzw. Variationen über den gregorianischen Hymnus „Veni Creator", der schon früh hymnologisch in eine Liedform gebracht wurde und in beiden Erscheinungsformen zahlreichen Komponisten als motivische Grundlage für ihre Stücke diente, steht Duruflé in einer reichen Tradition:

- John Dunstable (1380-1453) Intavolierung seiner Motette zu vier Stimmen
- Antonio de Cabezón (1510-1566) Hymnusversetten zu „Veni creator spiritus"
- Girolamo Cavazzoni (1525-1560) „Hymnus In Die Pentecostis Veni Creator"
- Jehan Titelouze (1563-1633) „Hymnes de l'Eglise pour toucher sur l'orgue, avec fugus et recherches sur leur plain-chànt" (1623)
- Samuel Scheidt (1587-1654) „Veni creator spiritus" (3 versus)
- Guillaume-Gabriel Nivers (1632-1714) „Deuxième Liure d'Orgue Contentant la Messe et les Hymnes de l'Église" (1677)
- Nicolas de Grigny (1682-1702) „Veni creator en taille à 5-Fugue à 5-Duo-Recit de Cromorne-Dialogue sur les grands jeux"
- Friedrich Wilhelm Zachow (1663-1712) „Komm heilger Geist"
- Giovanni Battista Fasolo (1600-1659) „Annuale, Che contiene tutto quello, che deve far un Organista, per risponder al Choro tutto l'Anno, Cioè tutti gl'Hinni delli Vesperi, tutte le Messe, cioè doppia, che serve ad ambe le classi, della Dominica, & della Beatissima Vergine Madres di Dio. Sono regulato sotto l'Ordine de Toni Eccleseiastici, 8 Magnificat, li cui Versetti per pigliare tutti li toni possono servire à tutte l'occorrenze di risposte, ciascuno hà sua risposta breve per l'Antifona; 8 Ricercate, 8 Canzone

francese; 4 Fughe la prima sopra Bergamasca, la seconda sopra la Girometta, la terza sopra la Bassa fiamenga, la quarta sopra Ut, Re, Mi, Fa, Sol , La; la Salve Regina, & il Te Deum Laudamus (...)"
- Johann Sebastian Bach (1685-1750) „Komm, Gott Schöpfer" BWV 631 (631a) aus der Sammlung des „Orgelbüchleins" und „Fantasia super Komm, Heiliger Geist" (BWV 651a) aus der Sammlung der „Leipziger Choräle"
- Johann Nepumuk David (1895-1977) in „Zwei Hymnen" (1928).

Auch nach Duruflé verwendeten noch viele Komponisten diesen Hymnus als Grundlage für ihre Komposition. So:

- Marcel Dupré (1886-1971) „Veni Creator Spiritus" aus „Le Tombeau de Titelouze" op. 38 Nr. VIII (1942)
- Ernst Pepping (1922-1981) „Komm Heil'ger Geist" in „Großes Orgelbuch", Band II (1939) und „Veni creator" in „Hymnen manualiter" (1958)
- Flor Peeters (1903-1986) „Hymnus Veni creator"
- Josef Ahrens (1904-1997) „Hymnus Veni Creator Spiritus" (1947)
- Hermann Schröder (1904-1984) Trilogien zu Chorälen (jeweils Intonation – Meditation – Finale) Nun komm der Heiden Heiland – Gelobet seist du, Jesu Christ – Da Jesus an dem Kreuze stund – Christ ist erstanden – Komm heiliger Geist (Veni creator Spiritus) (1977) und Partita „Veni creator Spiritus" (Toccata – Ostinato – Bizinium – Arioso – Fantasia/Ricercare) (1959)
- Gaston Litaize (1909-1991) „Toccata sur le Veni Creator" (Extraite des Douze Pièces pour Grand Orgue)
- Hans-Ludwig Schilling (geb. 1927) „Fantasie 63" über „Veni Creator" (1963)
- Gabriël Verschraegen (1919-1981) Partita super „Veni Creator"
- Erich Romanovsky (1929-1993) „Tryptichon super Veni Creator Spiritus" (1959)
- Augustinus Franz Kropfreiter (geb. 1936) „Triplum super Veni Creator Spiritus" (1969)

Der Hymnus „Veni creator"[75]

Der Hymnus ist ein strophisch gegliederter Gesang, bei dem einer Melodie mehrere Textstrophen unterlegt werden, die sich aber im Unterschied zur Sequenz nicht reimen. Ein weiterer Unterschied zur Sequenz besteht in der doxologischen Schlussstrophe. Der Hl. Benedikt führt um 530 den Hymnus in das Offizium ein, während Rom lange Zeit aus Widerstand gegen die Eindringungsmöglichkeit des Subjektiven in die Liturgie zögerte. So stellt der Hymnus „Veni Creator" den Hymnus für das Pfingstfest dar. Der Text wird dem Hymnendichter *Hrabanus Maurus*[76] zugeschrieben. Melodisch steht der Hymnus im Tetrardus plagalis (i.e. VIII. Modus), einem sehr festlichen Modus, und setzt sich aus vier nahezu gleich langen Zeilen zusammen.

1.2.1. Prélude

Der erste Satz des dreiteiligen Werkes ist mit „Prélude" überschrieben. Der terminus technicus „Praeludium" ist in der Instrumentalmusik ein eigenständiger Gattungsbegriff, kann aber auch einen Einzelsatz innerhalb eines zyklischen Werkes meinen. In dramatischer oder oratorischer Musik fungiert er gelegentlich an Stelle einer Ouvertüre im Sinne einer instrumentalen Einleitung. Die ersten Musikstücke mit der Bezeichnung „Praeludium" treten in der Frühphase der schriftlichen Aufzeichnung der Musik für Tasteninstrumente und somit in den mitteleuropäischen Orgeltabulaturen aus der ersten Hälfte des 15. Jahrhunderts auf. Semiologisch betrachtet bedeutet das Wort „Prae-Ludium" vom lateinischen „prae" gleich vor – (als Suffix verwendet) und „ludus" „das Spiel" eine gespielte Einleitung zu etwas Folgendem, entweder als improvisierte oder kom-

---

[75] Liber Hymnarius, Solesmes 1983 und Graduale Romanum 1975, p. 848.
[76] Um 780 n. Chr. geboren, Leiter der Klosterschule Fulda, ab 822 dort Abt, ab 847 Erzbischof von Mainz, gestorben 856.

ponierte Musik. Infolge der Entwicklung von Ricercar, Tiento, Canzone und Fantasie zu eigenständigen, großformatigen Typen cantus-firmus freier, solistischer und ensemblemäßiger Instrumentalmusik differierte die Bedeutung des Begriffes „Praeludium" in vierfacher Hinsicht während der ersten Hälfte des 17. Jahrhunderts: zum einen konnte Praeludium als Bezeichnung für kurze Stücke mit Intonationscharakter verwendet werden, zum anderen generell für diverse Gattungstypen. Drittens hatte der Begriff auch unterschiedliche Bedeutung in unterschiedlichen regionalen Kontexten. Und schließlich wurde das Praeludium in der zweiten Hälfte des 17. Jahrhunderts auch oft als ein Einleitungsstück in der neu entstandenen Suite verwendet.

Um auf den eigentlichen Sinn des kurzen historischen Abrisses zu kommen, lenke ich jetzt die Aufmerksamkeit gleich auf das Orgelpräludium, das sich sowohl aus dem kurzen Praeludium mit Einleitungsfunktion, wie z.B. in den süddeutschen Versettenkompositionen zur Konsolidierung des modalen Umfeldes, als auch aus der regionalen Ausprägung des Praeludiums, nämlich im Norddeutschland des 17. Jahrhunderts, entwickelt hat.

Voraussetzung für diese Gattung war ein adäquates Instrument mit mindestens zwei im Klangaufbau kompletten Manualwerken und einem ebenfalls voll ausgebauten Pedalwerk, deren Rolle sich in der konzertierenden Gegenüberstellung erfüllte.

Hier unterschied sich die Gattung auch konsequent von der Gattung der Toccata: Während letztere manualiter Stücke bzw. Stücke mit Manualgewichtung meinte, wurde der Begriff des Praeludiums für jene Werke neuen Stiles verwendet, in denen das Pedal in das musikalische Geschehen auf verschiedene motivisch verarbeitende Weise einbezogen wurde.

Mit dem zyklischen Konstrukt „Präludium und Fuge" kommt dem Praeludium eine neue gattungsbestimmende Form bei Johann Sebastian Bach zu. Musikgeschichtlich wird diese Entwicklung oft mit der Reduktion der Versettenkompositionen auf den ersten und letzten Satz, das Praeludium und „Finale" begründet bzw. mit der Tradition in den französischen Orgelmessen, Versetten mit einem „Plein jeu" zu beginnen und einer „Fugue" zu beenden.

Dies ist aber noch nicht völlig geklärt. Bei Bach findet man das Bestreben, ausladende Fuge durch ein eigenständiges Praeludium von entsprechender Größe und Gewicht aus zu balancieren und so beide zu einer formalen Einheit höheren Grades zu verbinden. Die Herausbildung des Praeludium-Fuge-Typs als zyklische Norm geht einher mit Bachs Auseinandersetzung mit dem italienischen Instrumentalkonzert, wobei dessen Dreisätzigkeit der Bipolarität als zyklische Idee weichen musste. Gattungsgeschichtlich wird diese Kompositionsentscheidung in der Regel an dem ersten Teil des Wohltemperierten Klaviers festgemacht und so auf die Zeit um 1722 datiert. Bei diesem Werk fällt auch die Zweiteiligkeit des Praeludiums auf, die im Kontext der damals sich im Entstehen befindenden Sonatenhauptsatzform zu sehen ist. So wurde schon im mitteldeutschen Umfeld z.B. bei J. G. Walther und seinen Söhne sowie (Enkel-) Schülern das Praeludium in der Tastenmusik zunehmend als Sonate mit der charakteristischen formalen Konzeption weitergeführt.

Im weiteren Verlauf des 18. Jahrhunderts wurde das Praeludium zunehmend entweder ein „pädagogisches Etüdenstück" oder ein Stück, dass sich deutlich auf Bachs Wohltemperiertes Klavier bezog wie z.b. Clementis „Préludes et exercices doigtées dans tous le tons majeurs et mineurs" Wien 1790. Dabei wird als Charakteristikum des Praeludiums angeführt, dass es durch *„eine nur organisch entwickelte Linie von Accorden in motivisch entwickeltes Figurenwerk aufgelöst wird"*.[77] In der französischen Klaviermusik findet die Form des Préludes während der Romantik eine starke Gewichtung, hat aber weiterhin Etüdencharakter, was sich nicht zuletzt im technischen Anspruch und der erzielten Virtuosität äußert sowie in der Ausrichtung an Bachs Modellen. Beispiele hierfür sind u.a. der 24teilige Zyklus op. 28 und das cis-Moll-Prélude von Chopin.

In einen völlig neuen Zusammenhang wurde das Präludium in der zweiten Hälfte des 19. Jahrhunderts mit der Weiterentwicklung und zunehmenden Verschmelzung von Präludium und Sonate erreicht. Liszts Präludium und Fuge über den Namen BACH für Orgel steht in unmittelbarem Zusammenhang mit den sinfonischen und sonatenhaften Werken, in denen der mehrsätzige Sonatenzyklus in die Sonatenhauptsatzform integriert wird. Daran anknüpfend schuf César Franck ansatzweise mit „Prélude, fugue et variation" (op. 18) und in ausgereiftem Stil dann mit „Prélude, chorale et fugue" bzw. „Prélude, air et final", beides für Klavier, Zyklen mit drei ineinandergehenden Sätzen und brachte hierin die bis dahin getrennte Kompositionsidee der Gegenüberstellung von freiem und fungiertem Stil durch thematische Beziehungen und die Verbindung von sona-

---

[77] Mendel-Reißmann, Bd. 8, 1877, S. 157, zitiert nach MGG-Sachteil, Stichwort „Praeludium".

tenhaften und fugenhaften Themenverarbeitungen zu einer formalen und strukturellen Synthese.

Somit wählte Duruflé auch hier wieder eine tradierte Form. Das Prélude enthält Fragmente des Chorals, ohne dass dieser hier schon als Ganzes erscheint. Es handelt sich bei den Fragmenten um das Motiv der dritten Choralzeile „*imple superna*" (Motiv α) und das der zweiten Choralzeile „*mentes tu-(orum)*" (Motiv β), die stets weiterentwickelt und in den verschiedenen Formen paraphrasiert werden. So scheint es, dass in einem langen Entwicklungsprozess aus einem thematischen Kernmaterial eine Komposition, der Pfingsthymnus als Choral, entstand.

Das Stück beginnt mit dem Motiv α in der für Duruflé typischen Triolen- und Wechselnotenbewegung, wie sie auch im Scherzo (cf. supra) und im „*Prélude sur le nom d'ALAIN*" zu finden ist. Auch die Registrierung ist charakteristisch, nämlich die Flûtes 8 und 4 auf dem Récit, der Bourdon 8 auf dem Positiv und dem Hauptwerk und dem Soubasse 16 mit der Koppel des Récit im Pedal. Das Stück hat drei Kreuze vorgezeichnet, bewegt sich aber im modalen harmonischen Rahmen, da weder A-Dur noch fis-Moll eindeutig definiert werden können. Auffällig sind in diesem Stück wie auch in der Suite die weiten Flächen der akustischen Tonalität. Dieser Tonvorrat entspricht den Partialtönen 8-14 und erfreut sich in der Musik des 19. Jahrhunderts und hier v.a. bei Debussy großer Beliebtheit. Auch Duruflé greift auf diesen Tonvorrat zurück und figuriert daraus seine Melodik. So z.B. im Takt 9: Bringt man diese Töne in einen gemeinsamen Oktavraum, so ergibt sich der Tonvorrat von C-Akustisch mit der typischen kleinen Septe (ais ist hier dann enharmonisch vertauscht als b zu lesen) und der „#11" fis. Takt 12 besteht aus Tönen von E-Akustisch, Takt 15 und 16 z.B. halbtaktig aus Tönen von Es-Akustisch, C-Akustisch und Fis-Akustisch. Hier kommt ein weiteres Merkmal duruflécher und impressionistischer Musik zum Tragen: Das Distanzprinzip, also die Aufteilung der Oktave in gleiche oder alternierende Abstände. Die Anordnung der akustischen Tonalitäten sind hier in der Kleinterzachse C-Es-Fis.

Motivisch wird der Beginn der dritten Choralzeile aufgegriffen und weiterentwickelt, so dass sich daraus der ganze erste Abschnitt (A) von Takt 1 bis Takt 46 entwickelt. Im Takt 9 findet man Anklänge an das Motiv α in der Unterstimme der linken Hand in „Halben-Noten", das aber dann frei weitergeführt wird. Ab Takt 11 entwickelt sich ein Dialog zwischen dem Hauptwerk und dem Récit, in dessen Verlauf auch das Motiv weiterentwickelt wird. Ab Takt 15 erscheint die „Moll-Variante" des Themas in augmentierten Notenwerten in der Oberstimme der rechten Hand, aber auch gleichzeitig in der Anfangsgestalt in der Begleitung dieser Stimme (cf. T. 18 Unterstimme der rechten Hand). Im Takt 24 findet sich diese Mollvariante im Pedal, die im Takt 25 mit der Durvariante der Oberstimme der rechten Hand enggeführt wird, bevor diese in der Umkehrung wieder abwärtsgeführt wird. Diese dialogische Struktur zwischen Oberstimme und Pedal wird aufrechterhalten und über den durch gemeinsame Kleinterzachsen (C-ES-Fis) verbundenen akustischen Feldern zwischen der Dur- und Mollvariante variiert. Diese Varianten werden aber auch weiter geführt, so z.B. im Pedal T. 30. Nach einer Überleitung, die das dialogische Prinzip zweier Manuale vom Beginn aufgreift, aber diesmal zwischen Positiv und Récit ausgeführt wird, wird im Takt 47 das Motiv β eingeführt. Die Vorzeichnung ändert sich nach B-Dur und wieder erfährt das Motiv eine Melodieentwicklung über weitere Takte aus sich selbst heraus. Nach einem kurzen Retardieren erscheint ein Stimmentausch, indem ab Takt 57 die Oberstimme der rechten Hand zum Träger des Motivs β wird und dieses im Rahmen einer großen Fis-Akustisch-Fläche ausbreitet. Als Registrierung ist die „Flûte harmonique 8" als Solostimme vorgeschrieben und von diesen Takten gibt es eine „ossia Fassung" für eine zweimanualige Orgel. Das Pedal greift ab Takt 59 die Weiterentwicklung des Motivs β mit der charakteristischen verminderten Quart auf und es entwickelt sich hier auch wieder ein thematisch fortspinnender, durch akustische Tonalitäten diesmal auch in der Tritonusdistanz (cf. Takt 65 f.: „ais" – „e") modulierender Dialog. Die harmonisch gesehen „schärfste" Stelle von Takt 67 bis 70, die schon der alternierenden Achtstufigkeit entlehnt ist und deren Tonvorrat man auch im II. Modus erste Transposition bei Messiaen wiederfinden kann, leitet die Reprise des A-Teils ein. Diese Überleitung ist auch rhythmisch geprägt durch die großen Notenwerte im Vergleich zu den sonst schnellen Spielfiguren. Ab Takt 71 erfolgt somit die Reprise des A-Teils in einer e-Modalität des Themas. Aber schon ab Takt 80 entfernt sich die Reprise von dem ersten Teil und entwickelt sich auf eigene Weise weiter. Dennoch findet man die dialogische Struktur aus dem ersten Hauptteil auch hier wieder, die wiederum zur Einleitung des β-Motivs wird. So erscheint das „*imple superna*"-Motiv im Takt 87 augmentiert im Pedal und auch weiterhin in der ursprünglichen Form in den Achteltriolen der Oberstimme (z.B. Takt 90). Über dem Feld von D-Akustisch kommt es im Takt 93 ff. zu einem Kanon der „Moll-Variante" des α-Motivs, der in einen Dialog der Oberstimme mit dem Pedal (Takt 97 ff.) mündet. Ab Takt 104 wird dieser Kanon vom Pedal und der Oberstimme wieder aufgenommen, erst über einen größeren Abschnitt, dann wieder „zerstückelt". Die Motivik verdichtet sich und das sich im Dialog auch zeigende Prinzip der thematischen Weiterentwicklung setzt wieder ein und führt zu einem erneuten Auftreten des Motivs β im Takt 126 in der linken Hand obligat auf dem mit Clarinette 8 und Nazard registrierten Récit. Hinzu tritt ein motivisch gebundenes Doppelpedal und eine motivische Arbeit, die das Motiv β ab Takt 135 wieder in die Oberstimme führt, wo es wieder variiert und mit der Anfangsmotorik kombiniert wird (Takt 139). Ab Takt 143 setzt die Coda ein, die das Motiv des Anfangs wieder aufnimmt, aber wie auch bei dem *„Prélude sur le nom d'ALAIN"* dann über den Manualumfang nach unten und auch motorisch zum Erliegen führt. Ein fünftaktiger akkordischer Block schließt sich an, in dem choralartig das Motiv β nach dem Prinzip der diatonischen Harmonik unter besonderer Berücksichtigung eines linearen Stimmverlaufes ausharmonisiert wird. Hierauf leitet ein *„Lento, quasi recitativo"* zum Adagio über. Die Trompette des Récit als Solostimme verarbeitet nach dem Prinzip eines Rezitativs das inzwischen schon stark verfremdete α-Motiv über schon sehr distanzielle harmonsiche Flächen (Cis-Akustisch Takt 166 und Es-Akustisch Takt 168). Es steigert sich zu einer allmählichen extatischen und distanziellen Monodie hin zu einem Halteton „d", der mit einem Registercrescendo und Decrescendo verknüpft ist. Somit lässt sich der Gesamtaufbau wie folgt schematisieren: ABA´B´A´´(Coda) B´´ (akkordischer Block) A´´´ (Rezitativ)

1.2.2. Adagio

Bisher war der Choral noch nicht vollständig zitiert und auch im Adagio wird dies noch nicht der Fall sein. Auch wenn dieser Satz in der ABA´-Form gehalten ist, so hat er doch auch in seiner ganzen Anlage, wie noch gezeigt werden wird, etwas Unabgeschlossenes, auf die Choralvariationen Überleitendes.

Zu Beginn des Adagios erklingt zum ersten Mal die erste Phrase des Hymnus *„Veni Creator"* in g/B, wird aber nicht bis zum Abschnittsende weitergeführt, sondern bricht ab und wächst dann, sich lyrisch entwickelnd, mit Harmonien, reich an diatonischen Sekunden und Septimen einem gewaltigen Höhepunkt entgegen. Die Registrierung ist ganz in den weichen Grundstimmen der Orgel gehalten (R: Gambe, Voix céleste, Pos: Prinzipal 8, G.O.: Montre 8, Pedal gekoppelt mit R: Soubasse 16). Auch das im Takt 7 einsetzende Pedal kann so aufgefasst werden, als würde es durch den charakteristischen Quartsprung abwärts motivischen Bezug zum Gregorianischen Choral haben, der auch im Choral zu Beginn der zweiten Zeile „*mentes*" vorkommt. Dieses Zitat wird aber nicht weiter wörtlich, sondern nur als sich frei entwickelnde Linie verfolgt. Im Takt 21 setzt ein Seitenthema ein, das auf dem Positiv vorgestellt wird, aber nur drei Takte umfasst und dann vorerst ohne weitere Verarbeitung verebbt. Ein zweiter thematischer Abschnitt (B) in G beginnt mit Takt 31 – auch hierfür gibt es wieder eine „ossia-Fassung" für eine Orgel mit zwei Manualen[78] – mit einem lyrisch-impressionistischen choralungebundenen Thema, erst im Pedal (Takt 32-39), dann in der Oberstimme der rechten Hand (T. 39-41). Eingeleitet und begleitet wird dieses Thema von einem Motiv der akkordischen Figuration (T. 31 ff), das auch die Überleitung (T. 42-43) zu einer um eine kleine Terz nach oben transponierten Wiederholung des B-Themas im Sopran stellt. Somit werden die Takte 42 und 43 als reale Sequenz in den Takten 44 und 45 wiederholt. Es folgt eine modulierende Überleitung mit dem Triolengestus des „Préludes" hin zu einer fast wörtlichen, aber um eine kleine Terz höher transponierten Wiederholung des A-Teils. Allerdings ist der Rhythmus der Begleitung mit der Fortführung der Triolen aus der Überleitung komplexer und in der Kombination auch polyrhythmischer gehalten. Aber auch das dreitaktige Seitenthema erscheint wieder im Takt 73 – diesmal auf dem Hauptwerk –, das aber im Takt 75 auch von der Oberstimme aufgegriffen und quasi in der Oberquinte enggeführt wird und in der Oberstimme der linken Hand im Takt 77 wieder erscheint. Zur besseren Lesbarkeit werden auch die Vorzeichen in Takt 75 enharmonisch vertauscht – von Des-Dur zu Cis-Dur. Zunehmend steigert sich die Motorik, die im Takt 79 schon bei Sechzehnteln angelangt ist und im Gestus der Begleitung des B-Hauptmotives mit den akkordischen Figurationen geführt wird. Auch dynamisch wird eine Steigerung z.B. durch sukzessives Schwellen ab Takt 86 oder eine Aufregistrierung der Werke mit den Mixturen und Zungen im Récit (T. 84), dann im Positiv (T. 92) und zuletzt im Hauptwerk (T. 94) erreicht. In diese Steigerung, die auch durch motivische Verdichtung erreicht wird, mündet das Adagio, im Takt 91 den Gestus von Sechzehnteltriolen erreichend, in einer Coda nach Art einer Concerto-Kadenz: Diese wird signalhaft eingeleitet durch den quasi Doppelterzakkord im Takt 97, der sich aber noch in seinen Dissonanzen auflöst und im Animatogestus sich über Läufe wieder zu dem ersten Erscheinen des vollständigen Hymnus hin abbaut.

---

[78] Man bedenke, dass Duruflé zur Zeit dieser Komposition in St. Etienne–du–Mont nur die zweimanualige Chororgel zur Verfügung hatte!

1.2.3. Choral varié

Hier erscheint der Choral nun endlich in seiner ganzen Länge und Majestät. Er wird in einer quasi barocken Registrierung, dem labialen „Plein-jeu" der Manuale vorgetragen, das durch die Quinte erweitert und etwas dunkel eingefärbt wird. Die Harmonisierung des Chorals ist typisch für Duruflé: Sie ist völlig diatonisch und somit modal und zeichnet sich durch eine lineare Einzelstimmführung aus. Dadurch entstehen diatonische Zusammenklänge wie Molldreiklänge mit kleiner Septe, Durdreiklänge mit großer Septe, akustische Nonakkorde etc.

Der Choralvorstellung folgen – wie das aus den Bachpartiten auch bekannt ist – die Variationen, bei Duruflé vier an der Zahl.

In der ersten Variation erscheint das Thema im Pedal als „Bass-Cantus-firmus" mit der „Cromorne" des heruntergekoppelten Positivs registriert. Die rechte Hand (auf dem Hauptwerk mit Bourdon 4, Flûte 4 und Nasard) hat quasi ostinato das Motiv β des Préludes („*imple superna*") und wiederholt dieses erst, bevor es in durufléscher Manier weiterentwickelt wird, um dann, beginnend mit d, hierauf mit a noch einmal wiederholt zu werden. Die linke Hand ist, begleitet mit den typischen Triolengängen, auf dem mit Bourdon 8 und Flûte 4 registrierten Récit zu spielen.

In der zweiten Variation (Allegretto) erscheint der Choral biziniumartig in der Oberstimme (R: Gambe 8 und Octavin – cf. Registrierung des Scherzohauptthemas), umschlängelt von endlosen Achtelketten. Das rhythmische Merkmal dieser Variation liegt in der Gegenüberstellung von Triolen- und Duolenbewegung.

In der dritten Variation (Andante espressivo) erscheint der Cantus firmus im Quintkanon zwischen der Oberstimme und dem mit der Flûte 4 registrierten Pedal. Der Begleitsatz, in der typischen Streicherschwebung registriert, ist neben der Kanon-Proposta als ruhiger vier- bis fünfstimmiger modalharmonischer Begleitsatz gehalten. Duruflé gibt hier sogar eine ossia-Variante für eine Orgel an, deren Pedal nur 30 Tasten hat.

Die letzte Variation bringt den Pfingsthymnus in Form einer Final-Toccata[79], sowohl in den Außentönen des Laufwerks als auch kanonisch zwischen Manual und Pedal, um dann auch einzelne Phrasen in der Mittelstimme fließen zu las-

---

[79] Auch die Registrierung ist dementsprechend mit den Grundstimmen (16 Pedal +) 8-4 und Mixturen auf allen Werken. Ebenso die Tempoangabe Allegro.

sen. Der überall präsente Choral gewinnt von zarten Anklängen über fragmentarische Zitate hin zunehmend konkrete Gestalt. Zunächst ist die erste Hymnuszeile in den ersten Achteln der Triolen, artikulatorisch auch gekennzeichnet durch das Portato im Gegensatz zu den übrigen staccato zu spielenden Noten. Ab Takt 7 setzt ein Kanon ein, indem das Pedal, welches seinen tonikalen Orgelpunkt beendet hat, im Abstand von zwei Takten den gesamten augmentierten Hymnus der Oberstimme in der Unterquinte aufnimmt und mit Ausnahme einiger weniger Töne (wohl aus stimmführungstechnischen und harmonischen Gründen; so fehlt z.B. in T. 20 zweite Takthälfte der Ton „Cis") ebenfalls ganz durchführt. Nach dieser kanonischen Durchführung splittet sich das thematische Material wieder in kürzere Soggeti auf, die sequenzierend, modulierend und miteinander verbunden durchgeführt werden. Takt 29 bringt in der rechten Hand mit Quartmixturen den Beginn der ersten Choralzeile. Daran schließt sich im Takt 33 – ebenfalls augmentiert in Notenwerten von Halben – die dritte Choralzeile „*imple superna*" an, die in der linken Hand unter einer sich aus dem toccatenhaften Anfangsmotiv der Triolenachtel entwickelnde Linie mixturenhaft geführt und erneut im Takt 37 leicht verändert harmonisiert noch einmal wiederholt wird. Verbunden werden diese beiden Phrasen durch das „*Veni Creator*"-Motiv, das im Takt 36 im Pedal erscheint. Während im Takt 37 in Akkorden geführt das Zitat der „imple superna"-Choralzeile in der linken Hand durchgeführt wird, werden die Spitzentöne in der Oberstimme der rechten Hand ebenfalls verdoppelt. Wieder folgt ein Verbindungstakt im Pedal mit dem „*Veni Creator*"-Zitat, bevor der Themenkopf des „*imple superna*"-Motives noch einmal in der linken Hand erscheint (T. 41) und mit einer Pedalstimme kombiniert wird, die vom Melodiegestus der Stelle „*Quae tu creasti*" aus dem Choral entspricht. Hier wechselt nun auch die Tonart nach B-Dur und im Doppelpedal erscheint in der Oberstimme eine Themenreminiszenz an das Prélude. Im Takt 45 und v.a. in der Weiterführung des Motivs erklingt noch einmal die Weiterführung und Entwicklung „ex se" des zweiten Themas „*imple*" aus dem Prélude. Die Steigerung wird insofern vorangetrieben, als immer wieder „thematische Fetzen" wie z.B. das Motiv „*Veni*" im Takt 50 in der Unterstimme der rechten Hand zu hören sind. Nach einem fanfarenartigen Sechzehntelanstieg endet die letzte Variation choralartig mit vollgriffigen Akkorden, die in der rechten Hand die vierte Choralzeile „*quae tu creasti*" harmonisieren und kombiniert sind mit dem Beginn der dritten Choralzeile „*imple superna*" im Pedal. Eine Coda von 9 Takten, die im Pedal von dem beinahe ostinat wirkenden „Choral-*Amen*" untermauert wird, während man in den Mittelstimmen noch den Gestus des „*Veni*"-

Motivs nachklingen hört (z.B. T. 59 linke Hand obere Stimme der in Halben geführten Melodie), schließt dieses brillante Stück.

Dieses Choraltriptychon verwendet zwar, wie gezeigt, tradierte Formen. In seiner Gesamtheit ist es aber auch ein Novum angesichts dessen, was an Choralvariationen oder -fantasien vorher und zeitgleich geschrieben wurde. Denn zieht man einmal die Choralfantasien von Reger zum Vergleich heran (was auch sehr gut in einer Orgelstunde behandelt werden könnte), so werden die Unterschiede deutlich. Duruflés gesamtes thematisches und motivisches Material ist dem Gregorianischen Choral entnommen und entwickelt sich aus sich heraus weiter zu etwas vordergründig Neuem, aber genau genommen doch Verwandtem. Auch findet sich bei Duruflé keine Introduktion, die in den Stimmungsgehalt des *Cantus firmus* einführen soll. Solche und weitere Merkmale wären gut im Unterricht zu erarbeiten, wohl auch, wenn man einmal detailliert die unterschiedlichen Techniken der Choralvariationen der beiden Komponisten untersuchen würde.

1.3. Suite op. 5 (Prélude, Sicilienne-Toccata) von 1934

Duruflé hat dieses berühmte Werk von großer Virtuosität seinem Kompositionslehrer Paul Dukas (1865-1933) gewidmet. Die drei Teile: „Prélude", Sicilienne" und „Toccata" spiegeln in ihrem Zusammenspiel Duruflés Kunst von melodischer Eleganz, harmonischem Zauber und perfekter Kompositionstechnik wider. Umso erstaunlicher scheint es, dass Duruflé diese seine Komposition, v.a. die brillante Schlußtoccata am wenigsten schätzte und seinen Schülern zu spielen verbot. Auf die Frage hin, warum Duruflé die Toccata nicht mochte, antwortete er einmal:

„(lacht) Das erste Thema ist nicht gut. Und weil das Thema nicht gut ist, kann auch die ganze Komposition, die darauf aufbaut, sich nicht entwickeln."[80]

Persönlich halte ich dieses Werk für das „impressionistischste" bzw. mit seinen Klangmitteln am weitesten gehende. Schon großformal wird eine distanzielle Tonartendisposition mit der Großterzachse es-Moll (Prélude), g-Moll (Sicilienne) und h-Moll (Toccata) sichtbar. Aber auch innerhalb der einzelnen Sätze finden sich weite akustische Flächen, Abschnitte alternierender Achtstufigkeiten

---

[80] Interview mit Maurice Duruflé in „The American Organist", November 1980, zitiert nach Hielscher, Hans Uwe (Hg.) „Französische Orgelkunst der Spätromantik", S. 39.

und Passagen am Rande der Tonalität. Dies könnte auch daran liegen, dass die Suite kein gregorianisches Themenmaterial enthält, so dass Duruflé sich nicht zu modalen oder harmonischen Einschränkungen gezwungen sah. Der Titel *Suite* suggeriert eine Sammlung von Tänzen. Aber nur die Sicilienne ist ein Tanz. Mit der Anlage eines Préludes zu Beginn und einer rauschenden Schlusstoccata steht die Suite konzeptionell der Orgelsymphonie nahe; sie erinnert auch motivisch und vom Stimmungsgehalt her an die Orgelsymphonik Viernes, wenngleich hierfür ein vierter Satz fehlt.

1.3.1. Prélude

Das mit den Grundstimmen 8 registrierte Prélude beginnt düster mit einem 20 Takte ausgehaltenen Orgelpunkt über „b" in der linken Hand, unter dem sich im zweiten Takt im Pedal ein Viertonmotiv (α) vorstellt. Nach der Wiederholung dieser beiden Takte setzt in es-Moll „tristamente" in einer sehr tiefen Lage das diatonisch gehaltene an Debussy erinnernde Thema (a) ein und breitet sich über akustische Flächen (z.B. T. 10 Ges-Akustisch) mit einem Crescendieren aus, um dann wieder im Piano zu verebben. Im Takt 16 wird ein Motiv in Sechzehnteltriolen auf dem um die Grundstimmen 4 aufregistrierten Positiv vorgestellt (Motiv β), das dem Motiv α verwandt ist, welches im Pedal und in der Unterstimme der linken Hand einmal mit Achtelpausen abgesetzt, in der Oberstimme der linken Hand im Legato durchgezogen wird und sich gleichsam aus der Umspielung dieser Bewegung entwickelt hat. Nach vier Takten findet dies ein abruptes Ende und im Takt 20 setzt in der Tritonus-Tonart h-Moll, wieder unter dem dominantischen Orgelpunkt, aber diesmal aber in der Oberstimme der rechten Hand, das Thema a erneut ein, begleitet von einer Gegenbewegung in der linken Hand. Die Registrierung wurde inzwischen um die Mixtur(en) auf dem Récit erweitert und diese Steigerung setzt sich auch motivisch fort. In Takt 30 findet sich auch in diesem Abschnitt wieder das Motiv β in der Oberstimme über dem Motiv a in der Unterstimme der linken Hand und mit Achtelpausen durchtrennt im Pedal. Diese Phrase mündet in eine Deklamation des Themas in Akkordschlägen ab Takt 34, wobei die Oberstimme mit dem Thema a im Legato geführt wird und die akkordischen Schläge um eine Sechzehntel verkürzt quasi „detaché" abgesetzt werden. Diese Takte (bis 38) blühen vor impressionistischer Harmonik, schöpft doch der Komponist hier alle Klangfarben akustischer Felder und distanzieller Harmonik aus. So ist der Akkord G-Akustisch ein zentraler dieser Passage, da er immer wieder angesteuert und verlassen wird (z.B. T. 34

erster und dritter, T. 36 erster, zweiter und fünfter und T. 37 zweiter Akkord), alternierend mit Ganztonakkorden (z.B. T. 34, zweiter Akkord und T. 36 dritter und fünfter) und anderen zu Akkorden geballten distanziellen Skalen. Ab Takt 38 entwickelt sich nun ein Dialog zwischen den Takten mit Motiv α in der Unterstimme der linken Hand, mit Achtelpausen getrennt im Pedal, und Motiv β in der Oberstimme und diesen akkordischen Phrasen. Dabei fällt auf, dass das Motiv β rhythmisch immer mehr diminuiert wird und so im Takt 38 in Sechzehntelseptolen, im Takt 40 und 42 als Zweiunddreißigstel und auf der letzten Zählzeit der Takte 42 und 44 sogar als Zweiunddreißigstelnontolen erscheint. Die akkordischen Phrasen (T. 41, 43 und 45, hier als Kombination mit dem stark variierten β-Motiv in der linken Hand) werden dabei zunehmend als reale Sequenzen strukturiert. Auch die Tonartenvorzeichnung ändert sich während dieser stark impressionistischen Phrasen und so ist ab Takt 34 die Vorzeichnung von zwei „b" zu finden, ab Takt 44 ist der Modulationsvorgang in E-Dur abgeschlossen.

Ab Takt 44 erscheint im dreifachen *forte* das Thema a in der Oberstimme rhythmisch um die Hälfte verkürzt über der Umkehrung des Themas im Pedal. Auch der charakteristische Orgelpunkt erfährt eine Reprise ab Takt 49 in der Oberstimme. Mit diesem Takt wechselt die Vorzeichnung in die 0-Ebene, also in eine Vorzeichnung in einer Großterzdisposition. Ab Takt 51 bricht diese „Reprise" jedoch ab und es erscheint ein zweites Thema b, das sich durch seine chromatische Melodieführung in parallel geführten Oberstimmen und einer linearen Gegenstimme im Pedal auszeichnet. Dieses Thema wird aber wiederum nach zwei Takten von einem Zwischenspiel aus den Motiven α in der Oberstimme und β in der Mittelstimme unterbrochen, nun auf Sechzehnteltriolen verlangsamt. Das Thema b wird wieder für sechs Takte aufgegriffen und weiter abwärts geführt, bis im Takt 62 der Takt 16 exakt wiederholt wird. Diesem schließt sich ein Takt nur mit dem Orgelpunkt an, bevor diese beiden letzten Takte noch einmal wiederholt werden. Allerdings ist die Manualverteilung eine andere, da nun z.B. das Motiv β in der Oberstimme auf dem Hauptwerk zu spielen ist. Aus dieser völligen Ruhe des Orgelpunktes „b" entsteht im Takt 68 ein „Klarinettenrezitativ", wieder in es-Moll, dessen Kopfmotiv (Takt 68 und 69) aus den Tönen des Themas a gespeist ist, dann aber frei weitergeführt wird. Diese Phrase, die stark an melodiöse Abschnitte Ravels anklingt, ist harmonisch geprägt von einem „hell-dunkel-Kontrast", der durch distanzielle akustische Felder erreicht wird. So ist die Harmoniefolge ausgehend von Takt 68 mit es-Moll-Septakkord As-Akustisch im Takt 71 f, Ges-Akustisch im Takt 74 und wiederum Es-Akustisch ab Takt 76. Die Melodie des Rezitativs entwickelt sich weiter und der Takt 76 kristallisiert sich zunehmend als wichtiges Motiv heraus, indem z.B. das Pedal mit diesem Melodiegestus im Takt 83 nach 9 Takten Pause einsetzt und einen kleinen Dialog mit der Oberstimme entwickelt. Nach einem weiterentwickelnden Zwischenspiel über akustischen Flächen (Takt 93 As-Akustisch, Takt 95 Ges-Akustisch, Takt 98 E-Akustisch; immer nach Variantentechnik miteinander verbunden[81]) und Ganztonskalenläufen (Takt 98) folgt im Takt 103 die Reprise des Themas a im Alt in überwiegend tonalen Quartsextakkord-Mixturen, ebenfalls eine Technik des Impressionismus (cf. die Klavierwerke Debussys). In dieser düsteren Stimmung, aus der das Stück trotz eines „Aufbäumens" in seiner Mitte nie ausbrechen konnte, endet das Prélude, wiederum in der tiefen Lage der kleinen Oktav mit der höchsten Stimme. Nun zeigt sich, dass trotz der Motive α und β und des chromatischen Themas b das Thema a den ganzen Ablauf beherrscht und trotz vieler Tempoänderungen das Stück einheitlich erscheinen lässt.

1.3.2. Sicilienne

Der zweite Satz trägt die Überschrift Sicilienne. Seit dem 14. Jahrhundert gibt es sowohl in der Literatur als auch in der Musik Werke, für die im Titel oder zumindest in einem Beititel eine Verbindung mit Sizilien hergestellt wird. Allerdings sind diese Werke über Epochen hinweg untereinander nicht vergleichbar und die meisten Bezüge zu Sizilien selbst auf jeder historischen und kulturgeschichtlichen Ebene uneindeutig und fraglich. Somit liegt die Vermutung nahe, dass sich hier ein Charakterstück mit einer mehr oder weniger austauschbaren Bezeichnung entwickelt hat. Während man auf der semantischen Ebene in Gedichten den Text auf Grund inhaltlicher oder sprachlicher Besonderheiten meist in Bezug zu Sizilien stellen kann, so gelingt es auf musikalischer Ebene nicht, einen spezifisch sizilianischen Topos in der artifiziellen Musik zu bestimmen. Im 18. Jahrhundert verliert die Siciliana-Bezeichnung ihre Qualität als Indikator der Herkunft von Gesangsstücken aus Sizilien. Damit löst sich auch die Vorgabe, dass diesen Stücken ein Text nach sizilianischem Reimschema etc. zugrunde liegen muss. Während dadurch ein starkes Charakteristikum aufgegeben wird, öffnete sich andererseits auch die Möglichkeit, dieses „Charakterstück" als Instrumentalwerk weiter zu führen. So kristallisiert sich zunehmend eine breite

---

[81] Cf. die Liegetöne in den Oberstimmen.

Zwölfachtelbewegung als konstituierendes Element heraus, das bis heute beibehalten wurde, andererseits aber noch keine Formidee wiedergibt.

Bei Duruflé findet sich von dieser Vorgabe der Sechsachteltakt und als Formidee dazu die modifizierte dreiteilige Liedform. In diese fügt Duruflé das Prinzip der Variation bei der Reprise ein, denn die Themenwiederkehr wird modifiziert begleitet (T. 97), was strukturell stark an das Stück „Prélude, Fugue et Variation" op. 18 von César Franck erinnert. Dazu aber später mehr.

Das kantable Thema *a* der Sicilienne wird von der „Hautbois 8" und „Cor de nuit 8" vorgestellt und ist in der Barform gehalten. Es gliedert sich in 1. Stollen (2+2 Takte), 2. Stollen (2+2 Takte) und Abgesang (2+2+3 Takte) und umfasst somit 4+4+7 Takte bis Takt 17, nach einem Vorspiel von zwei Takten beginnend. Die Begleitung in der linken Hand liefert dazu einen wiegenden ostinaten Rhythmus. Takt 18 bis Takt 38 stellt ein Zwischenspiel dar, wobei hier auch thematisches Material verarbeitet wird. Unter den Kaskaden der rechten Hand erscheint nach zwei Takten im Takt 20 das Kopfmotiv des ersten Stollen in der Länge seines ersten Taktes. Diese vier Takte werden nun als reale Sequenz einen Ganzton tiefer wiederholt, ehe im Takt 26 die rhythmische Struktur des zweiten Taktes in der Oberstimme erscheint und im folgenden Takt gleich vom Pedal übernommen wird. Mit dem Takt 26 hat auch die Tonalität von g-Moll nach E-Dur gewechselt, was nicht zuletzt im Hinblick auf eine Themenreprise im Takt 42 in b-Moll eine Tonartendisposition in der Kleinterzachse anzeigt. Diese Themenreprise findet in Form einer Tenordurchführung statt, über der die Kaskaden des Zwischenspiels weitergesponnen werden und der während der gesamten Barformstruktur von einem Doppelpedal mit zwei eigenständig geführten Stimmen gestützt wird. Diese Durchführung endet im Takt 56 wieder in einer Überleitung zum Mittelteil der Sicilienne, die nun völlig in der alternierenden Achtstufigkeit gehalten ist. Bringt man den Tonvorrat der Takte 57 bis 61 in Skalenform, so bekommt man einen distanziellen Modus, der mit Messiaens II. Modus, dritte Transposition identisch ist. Der nun folgende Mittelteil in einem H-Dur-Kontext bringt ein zweites Thema *b* erst im Pedal (T. 64), melodisch geprägt durch den Tritonusabfall zu Beginn, dann auch in der Oberstimme (schon T. 65) und nicht nur rhythmisch durch weitere Stimmen wandernd. Im Takt 77 verläuft dieses Motiv, was geprägt ist durch die übergebundene Achtel an die punktierte Viertel und anschließender „synkopischer" Viertel in parallelen Terzen in der rechten Hand, ehe es sich dann ab Takt 84 wieder parallel zwischen Pedal und Oberstimme findet. Die Begleitung dieses Themas in der Oberstimme erwächst rhythmisch aus den Sechzehntelkaskaden des vorherigen Abschnittes, ist aber melodisch durch die starke absteigende Chromatik (cf. T. 62 ff.) geprägt, die wiederum nach und nach aufgebrochen und eigenständig weiterentwickelt wird.

Die Begleitung in der linken Hand ist eine harmonisch schwer zu fassende, weist aber durch die rhythmische Gestaltung die Struktur eines Ostinato auf. Duruflé benutzt für dieses zweite Thema eine farben- und nuancenreiche Registrierung: die Begleitung ist für das Récit vorgesehen, das mit dem „Cor de nuit 8" und dem Octavin 2 zu registrieren ist, während das Thema im Pedal, angekoppelt an das Hauptwerk mit Gambe 8, Salicional 8 und Dulciane 4 vorgestellt wird.

Ab Takt 97 setzt die Reprise des A-Teils ein, bei dem aber nur das Thema in seiner gesamten Barformlänge und -struktur ohne weiterführendes Zwischenspiel gebracht wird. Die Tonart ist wieder g-Moll. Die Begleitung ist nun auf eine Stimme in der linken Hand reduziert, die sich durch Tonleiterläufe in Sechzehnteltriolen auszeichnet, unter denen das Pedal mit seinen Staccato-Achteln jeweils rhythmisch nach dem Prinzip einer Hemiole verschoben einen ¾-Takt suggeriert. Die Registrierung entspricht wieder dem Anfang, so dass mit diesem rhythmisch gewitzten Schlussteil eines der bezauberndsten Beispiele impressionistischer Orgelliteratur beendet wird.

1.3.3. Toccata

Die Suite endet mit einer rauschenden Schlußtoccata im Stil der französischen Orgelsymphonie. Hier ist z.B. das Finale von Viernes erster Symphonie aber auch das von Widors fünfter Sinfonie zu nennen.

Der Begriff „Toccata" kommt vom italienischen „toccare", was „berühren, schlagen" bedeutet. Erstmals taucht der Begriff im musikalischen Kontext im 15. Jahrhundert im Zusammenhang mit dem „Schlagen der Pauken" zu einer festlichen Bläserfanfare mit Trompeten auf.[82] Das bekannteste Zeugnis dieser zweifellos improvisatorischen musikalischen Praxis ist wohl die Eröffnungstoccata von Claudio Monteverdis Oper „L'Orfeo" von 1607. Musikhistorisch noch nicht endgültig erforscht ist der Zeitpunkt, wann die Toccata Eingang in die Lautenmusik und die Musik für Tasteninstrumente gefunden hat, wohl nicht zu-

---

[82] O. Gombosi 1934, S. 52, zitiert nach MGG-Sachteil, Stichwort „Toccata".

letzt auf Grund der eben beschriebenen improvisatorischen Praxis. Die frühesten schriftlich fixierten Toccaten finden sich in G.A. Castelionos „Intabulatura de leuto de diversi autori" von 1536, darunter eine Tochata von Francesco Canova da Milano. Eine Definition einer „Orgeltoccata" findet sich bei Praetorius in seinem „Syntagma musicum", Band 3, S. 25, wo es heißt: „Tocata, ist als ein Praeambulum, oder Praeludium, welches ein Organist/ wenn er erstlich vff die Orgel oder Clavicymbalum greifft/ ehe er ein Mutet oder Fugen anfehet/ aus seinem Kopff vorher fantasiert, mit schlechten enzelnen griffen/ vnd Coloraturen".[83]

Die Tradition der Claviertoccata nahm ihren Anfang im ausgehenden 16. Jahrhundert in der venezianischen Schule. Seit 1591 erschien hier eine Reihe von Toccatenbüchern einheimischer Organisten wie Claudio Merulo, Andrea Gabrieli u.a.. Die acht Toccaten von Andrea Gabrieli waren auf die komponierende Nachwelt auf Grund ihres „klassischen", ausgewogenen Charakters und ihrer klaren Anlage am einflussreichsten. Daher wird Gabrieli meist als „Begründer" der Claviertoccata als schriftlich fixierter Formgattung genannt. Hier wird auch die Verwandtschaft der Toccata zur Versettenintonation sichtbar, aber die Toccaten erscheinen als stark erweiterte Eröffnungssätze und auch in der Verbindung mit polyphonen Elementen und Abschnitten, die dadurch auch rhythmisch abwechslungsreicher, fast differenzierter erscheinen. Viele Toccaten, vor allem die um 1600 in Neapel entstandenen, zeichnen sich durch neuartige rhythmische, melodische und harmonische Ideen aus, wobei aber hier meist imitatorische Abschnitte fehlen.

Als Beispiel hierfür gelten die Toccaten von A. Mayone, die in den Drucken „Primo libro di diversi caprici per sonare", Neapel 1603 und „Secondo libro di diversi capricci per sonare", ebd. 1609 erscheinen sind. Frescobaldi war insofern für die Entwicklung der Toccata von großer Bedeutung, als er die beiden oben genannten Charakteristika der Toccata synthetisierte und motivisch mit dem Gregorianischen Choral verband. Das beste Beispiel hierfür dürften wohl die Toccaten an Stelle der Introiten im „Flori musicali" von 1635 darstellen. Dieser Toccatentyp fiel durch die Verbreitung der Drucke Frescobaldis und v.a. durch Frescobaldis Schüler Johann Jakob Froberger sozusagen auf fruchtbaren Boden. Diese und die Toccaten seines Lehrers Frescobladi galten als der Inbegriff des „stylus phantasticus", ein Terminus technicus, den A. Kircher für die Cantus-

---

[83] Zitiert nach MGG-Sachteil, Stichwort „Toccata".

firmus-freien Gattungen der Tastenmusik ausgenommen der Tanzmusik und der Variation prägte.

Ihren Höhepunkt findet die süddeutsche Weiterentwicklung in den zwölf Toccaten des „Apparatus musico-organisticus" von Georg Muffat (Salzburg 1690). Diese großangelegten vierteiligen Toccaten zeigen eine Synthese unterschiedlichster Stilistica, die nicht nur aus der damaligen Claviermusik herrührten, sondern auch aus der Vermischung und gegenseitigen Beeinflussung der neuesten französischen und italienischen Orchestermusik.

In der Barockzeit entwickelt sich die Toccata zuerst im norddeutschen Raum weiter. Sweelinck greift den Toccatentyp Gabrielis auf und erweitert diesen durch englische Figurationstechniken und eine konsequent polyphone Schreibweise. Eine weitere Toccatenfortentwicklung in Norddeutschland gab es in der zweiten Hälfte des 17. Jahrhunderts unter süddeutschem Einfluss. Anfang 1653 begegnete Froberger M. Weckmann, der 1655 Organist an der Jacobikirche in Hamburg wurde. Beide Komponisten blieben in ständigem, meist brieflichen Kontakt und beeinflussten sich so gegenseitig in ihren Kompositionen. Somit wirkte der Geist Frescobaldis und Frobergers auch in Buxtehude weiter, von dessen freien Kompositionen nur fünf Toccaten, darunter zwei manualiter, überliefert sind. Demgegenüber finden sich in seinem Schaffen 21 freie Stücke, die mit Praeludium oder Praeambulum überschrieben sind. Der typische Aufbau einer norddeutschen Toccata, wie sie auch bei Buxtehude vorliegt, ist die Abfolge: Präludium (in stilus phantasticus) – Fuge I – Rezitativ – Zwischenspiel – Fuge II (als Gigue und meist in einem anderen Takt als Fuge I).

Bachs Beschäftigung mit der Toccata zeugt von einem nicht weniger konservativen Zug als z.B. die Fortführung und Weiterentwicklung der Fuge. Seine Toccaten dürften alle im Zeitraum zwischen 1706 und 1714 entstanden sein. Betrachtet man die Orgeltoccaten (BWV 532a, 538/1, 540/1 und 564), so stellt man fest, dass diese auch teilweise mit der Bezeichnung „Praeludium" überliefert sind. Die „berühmteste" Toccata überhaupt, die Toccata in d-Moll BWV 565, ist in diesem Kontext wohl nicht aufzuführen, da ihre Überlieferung unsicher und ihre Entstehung als originale Orgelkomposition nicht gesichert ist. Dafür könnte die Frühfassung von Praeludium und Fuge D-Dur, BWV 532, als Toccata eingestuft werden.

Die früheste Toccata ist wohl BWV 913 in d-Moll, die durch Buxtehudes Toccata in d BWV 155 stark beeinflusst zu sein scheint. Die beiden Fugen hingegen stehen noch im frobergerschen Variationsverhältnis zueinander. Zunehmend nimmt Bach in seinen Toccaten dann auch italienische Einflüsse auf. Charakteristisch hierfür sind Abschnitte „in stilo rezitativo", wie in der Orgeltoccata 532a, die Einbeziehung von Abschnitten im italienischen Sonatenstil und die Kulminierung in einer virtuosen Spielfuge mit violinistisch geprägten Themen. In den Weimarer Jahren (BWV 564) werden die rezitativischen und improvisatorischen Elemente reduziert und die Idee einer dramatischen Schlussfuge zugunsten einer Tanzfuge 564 oder Doppelfuge F-Dur aufgegeben. 564 ist zudem, wie die Cembalotoccata 916, nach dem Grundplan des dreiteiligen italienischen *concertos* gebaut. Die letzte Entwicklung, die man bei Bach nachvollziehen kann, ist die Zusammenfassung der Toccata zu einer einteiligen Form 540, 538. In BWV 540 verbindet er die Orgelpunkt-Toccata mit Kanon, Pedalsoli und Konzertform zu einem monumentalen, aber geschlossenen Ganzen. In BWV 538 kombiniert Bach die Konzertform mit dem kontrastierenden Einsatz von zwei Manualen, wobei die Kompositionstechnik des „perpetuum mobile" noch einen Unterschied der Toccata zum Praeludium darstellt, mit dem die Toccata in ihrer Funktion als erster Satz einer zweiteiligen Form mit selbstständiger und doch zyklisch gebundener Fuge sonst identisch geworden ist.

Mit Bach fand die (barocke) Toccata ihren Höhepunkt und die Orgeltoccata einen vorläufigen Endpunkt. Nach ihm findet man nur bei dessen Schüler Ludwig Krebs noch zwei Beispiele, eine in E-Dur und eine in A-Dur, die beide den Geist Bachs atmen und als Nachempfindung von BWV 540 gelten können. Ansonsten findet man diese Gattung in der Folgezeit nur noch in der „Claviermusik", wo die spieltechnischen Elemente diese betont in die Nähe der Klavieretüde rücken (a.e. Czerny „Toccata ou Exercice C-Dur, op. 62 von 1826).

Nach 1900 erfährt die Klaviertoccata im Zuge des Neoklassizismus eine Hochblütezeit, wobei es sich meist um einteilige virtuose Kompositionen in der Art eines Perpetuum mobile handelt, während das Praeludium dieser Zeit auch lyrisch-melodische Züge enthält. Vergleichbar mit dieser Entwicklung ist die Entwicklung der Orgeltoccata im 19. Jahrhundert, die besonders in Frankreich und unter dem oben genannten Aspekt der technisch höchst anspruchsvollen, virtuosen „perpetuum mobile Technik" wieder erblühte. Zu den oben schon angeführten Beispielen der Orgeltoccaten der französischen Schule könnte man noch weitere Komponisten wie L.Boellmann mit seiner „Suite Gothique" op. 25 von 1896 und Charles Tournemire mit seiner „Toccata" op. 19/3 nennen.

Die makroformale Struktur der durufléschen Toccata kann als Sonatenhauptsatzform aufgefasst werden, da sie zwei konträre Themen bringt, die jeweils einzeln aber auch miteinander verbunden weiterverarbeitet werden und schließlich eine Reprise eintritt. Auch der Themenaufbau des Hauptthemas und der Tonartenplan des gesamten Stückes sind sehr traditionell gehalten:

Takt 1-14	Einleitung	h-Moll
Takt 15-66	**Exposition**	
Takt 15 - 22	Hauptthema	h-Moll
Takt 23-53	*musikalische Weiterentwicklung mit Überleitung*	
Takt 54-55	Seitenthema	fis-Moll
Takt 55-66	*musikalische Weiterentwicklung*	
Takt 67-104	**Durchführung**	As/fis/f ~>
Takt 105-131	**Reprise**	
Takt 105-112	Hauptthema	h-Moll
Takt 113-122	*musikalische Weiterentwicklung*	
Takt 123-124	Seitenthema	f-Moll
Takt 125-136	*musikalische Weiterentwicklung*	
Takt 137-174	**Coda**	H-Dur

Die Toccata beginnt also mit einer 14taktigen, durch die durchlaufenden, bald einstimmig, bald akkordisch auftretenden Sechzehntel sehr motorisch wirkenden Einleitung, die schon die extremen technischen Ansprüche des Stückes, die aber im Dienst der Dramaturgie, nicht für ein vordergründiges Virtuosentum stehen, anzeigen. Die harmonischen Prozesse dieses Einleitungsteiles sind v.a. geprägt durch die Festsetzung der Tonart durch Akkordkombinationen, die sich durch Hinzufügung von Sexten, Septen und Nonen auszeichnen[84]. Auffällig sind auch die Akzentverschiebungen auf die unbetontere dritte Achtelgruppe in den Zwölfachteltakten, die in der Sicilienne auch schon beschrieben wurden. Unter den fortlaufenden Sechzehnteltoccatenfiguren der Hände erhebt sich im Takt 15

---

[84] Cf. hierzu Abbing S. 275.

das Hauptthema im Pedal. Dieses ist rhythmisch geprägt, energiegeladen, vorwärtstreibend, zeichnet sich durch das Tritonus-Rahmenintervall (h-eis) aus. Als eigenes Thema von Duruflé basiert es nicht auf Gregorianik wie z.b. die Toccatenthemen seiner Zeitgenossen Marcel Dupré (Toccata über „Adoro te devote" in der Symphonie-Passion op. 23) oder Gaston Litaize (Toccata über „Veni creator Spiritus" aus den „Douze pièces" von 1939). Dieses Hauptthema lässt sich nach dem Prinzip der Sonatenhauptsatzform in Vordersatz (T. 15-18) und Nachsatz (T. 19-22) gliedern und man findet sogar das Prinzip des dominantischen Halbschlusses (fis) zwischen Vorder- und Nachsatz wieder. Es entwickelt sich eine motivische Weiterführung des Themas mit dem Kopfmotiv ab Takt 23, während die Begleitung in den Händen zunehmend wieder die Form akkordischer Figurierung akustischer Flächen (z.B. T. 22 E-Akustisch, aber ohne „ais") oder Ganztonskalen (z.B. Takt 23 Ausschnitt aus Cis-Ganztonskala) annimmt, wie das auch schon im Prélude zu beobachten war. In diesem Teil der musikalischen Weiterentwicklung, der sich durch den Wechsel auf das gekoppelte Positiv Takt 30 auch dynamisch etwas zurücknimmt, tritt immer wieder das Kopfmotiv des Themas hervor, kontrapunktiert von Staccatoachteln. So z.B. im Takt 32 ff. in der rechten Hand (dafür wieder auf dem Hauptwerk) oder weiterentwickelt eingearbeitet in die Arpeggien der Takte 26 und 37 (bei den Dreiklängen). Diese stellen zudem eine reale Sequenz aus einem im Kleinterzabstand (es-fis) disponierten zweigliedrigen Motiv dar, das um eine große Terz verschoben wird. Somit ist auch hier die Distanzharmonik offensichtlich. Die Verarbeitung des Kopfmotivs des Hauptthemas wird weitergeführt bis zu einem kurzen Zwischenteil (Takt 46-53), der das Seitenthema einleitet. Diese Takte erinnern an das Prélude, wo ebenfalls Passagen der Akkordschläge bzw. deren mixturenhafte Weiterführung (z.B. T. 48 um einen Halbton ansteigend) erscheinen. Das Seitenthema ab Takt 54 ist wie das Thema der Sicilienne in der Barform gehalten und es lassen sich Stollen (T. 54, erste Takthälfte), Stollen (Takt 54, zweite Takthälfte) und Abgesang (T. 55) nachvollziehen. Das Thema steht ganz traditionell in der Oberquinttonart und ist weniger rhythmisch als eher melodisch geprägt, was den Themendualismus unterstützt. Auch dieses Thema erfährt wiederum eine Weiterentwicklung durch Abspaltung und leichte Veränderung. Ab Takt 61 wird es mit dem Prinzip der begleitenden kontrapunktierenden Staccatoachteln aus der Weiterentwicklung des Hauptthemas kombiniert und mit dieser Fortspinnung endet die Exposition. In der folgenden Durchführung erscheint zuerst das Hauptthema einmal wieder (T. 70), allerdings in der Umkehrung und in As-Dur. Mit diesem treten auch die kontrapunktierenden Staccatoachteln, wie zuletzt im Seitenthema, in der Struktur auf (T. 71). Im Takt 74 erklingt in Tenorlage das rhythmisch im zweiten Teil diminuierte Seitenthema, sich in einer Sequenz fortspinnend und direkt abgelöst von dem erneut umgekehrten Hauptthema, diesmal in fis-Moll (T. 77). Es folgt eine Passage mit den Arpeggienketten (cf. T. 26) und dem darin „eingearbeiteten" Hauptmotiv, die sequenzierend wieder zu einem Einsatz des Seitenthemas in der „Durchführungsstruktur" in Takt 81 führen. In Takt 84 erscheint exponiert in der Oberstimme der rechten Hand noch einmal das Seitenthema in seiner ursprünglichen Form, diesmal in F-Dur beginnend, aber sofort wieder zurückführend mit Hilfe der auch am Ende der Exposition vorherrschenden Toccatenspielfiguren und -läufe, die ab Takt 90 in ein chromatisches und mixturenhaftes Element einmünden. Man kann hier einzeln noch den Rhythmus des zweiten Themas nachvollziehen (z.B. T. 91, zweite Takthälfte linke Hand oder T. 97 linke Hand), stets unterbrochen von ansteigenden Mixturen (T. 94 und 98), die im Takt 99 abbrechen. An dieser Stelle fehlt laut Abbing in Duruflés Erstausgabe die Forderung eines „non rubato-Spiels" durch die Angabe des *„tempo giusto, senza rubato"* in den Takten 101-104[85]. Die mixturenhaften staccato Sechzehnteldreiklänge, die nach dem Prinzip von Dur und übermäßigen Dreiklängen alternieren, leiten die bevorstehende Reprise des Hauptthemas (T. 105) in h-Moll ein und führen abwärtsgerichtet zu einer Begleitung des Hauptthemas, kombiniert aus Läufen in Zweiunddreißigsteln und weiterhin diesen Dreiklangmixturen. Auch hier kann das Hauptthema wieder in Vorder- (T. 105-108) und Nachsatz (T. 109-112) aufgeteilt werden und es setzt erneut die Weiterentwicklung mit dem Kopfmotiv des Hauptthemas ein. In diese Weiterentwicklung mischen sich auch wieder die bekannten akkordischen Mixturpassagen der Exposition (T. 120 ff.), die auf ein gestrafftes Seitenthema, diesmal in f-Moll beginnend hinleiten. Auch dieses erfährt wieder eine Fortspinnung durch Wiederholung und Motivabspaltung (T. 129 ff.), bis in Takt 137 eine rauschende Coda mit einer Stretta einsetzt mit einem Crescendo bis zur virtuosen Schlusssteigerung. Duruflé schreibt bei Takt 137 eigens *„Accelerando poco a poco"* vor bis hin zu dem neuen feststehenden Tempo im Takt

---

[85] Cf. hierzu die Aussage von Marie-Madeleine Duruflé in Interview mit Maurice Duruflé in „The American Organist", November 1980, zitiert nach der Hielscher, Hans Uwe (Hg.) „Französische Orgelkunst der Spätromantik", S. 39 (revidierte Passage von Hans Uwe Hielscher): *„Trotzdem gibt es gelegentlich Freiheiten, die schwierig auszuführen sind. Zum Beispiel, in den Takten 101-104 (Animato, Viertel=100) der „Toccata" ist man geneigt, einem stufenweisen Accelerando nachzukommen und nicht die Passage gleich a tempo zu spielen."*

144. Die Codatakte basieren motivisch auf dem rhythmisch diminuierten und egalisierten Seitenthema, das nun in Staccato-Achtelketten abläuft (T. 138 ff.), durchbrochen von toccatenhaften Mixturabschnitten und Laufpassagen in realen Sequenzen (so z.B. Takt 142 zu 143). Dabei geht Duruflé harmonisch, rhythmisch und technisch insofern an die Grenzen, als er harmonisch z.B. noch einmal breite akustische Flächen in den Figurierungen bring (T. 151 besteht z.B. aus dem Tonvorrat von A-Akustisch, T. 153 aus Eis-Akustisch, T. 160 aus G-Akustisch oder T. 163 aus C-Akustisch,) oder in die alternierende Achtstufigkeit ausweicht (die Akkordfolgen T. 147ff. könnten jeweils einem der Modi Messianes zugeordnet werden) oder polyrhythmische Passagen schreibt (z.B. T. 149 mit den verschobenen Akzenten bzw. T. 158 mit den „Konfliktrhythmen" 3 gegen 4) und dies im Tempo und auf Grund gefesselter Finger, vollgriffiger Akkorde o.ä. technisch schwer zu bewältigen ist. Das Stück endet ab Takt 164 mit staccatohaften Achtelläufen, methodisch der leittönigen Akkordfiguration folgend von Akkorden durchbrochen, unter denen sich die Läufe nach dem Prinzip des „durchbrochenen Satzes" im Pedal fortsetzen, und einer Generalpause in einem strahlenden H-Dur-Akkord.

Abbing[86] verweist noch darauf, dass die Erstfassung der Toccata sich von der vorliegenden, hier analysierten in den letzten fünf Takten unterscheidet[87]. Über den ausschlaggebenden Grund für diese Änderung kann er aber auch nur Mutmaßungen anstellen.

1.4. Prélude et Fugue sur le nom d'ALAIN op. 7 von 1942

„In Erinnerung an Jehan Alain, gefallen für Frankreich". Mit diesem Werk setzte Duruflé Jehan Alain (1911-1940), der bereits im Alter von 29 Jahren im Zweiten Weltkrieg gefallen war, 1942 ein musikalisches Denkmal.

---

[86] A.a.O.
[87] Cf. Abbing S. 281 f. cf. auch hierzu die Aussage Duruflés: „In der neuen Ausgabe der „Suite op. 5", die im Mai 1978 erschienen ist, habe ich die letzte Reihe der letzten Seite vollständig geändert." In: Interview mit Maurice Duruflé in „The American Organist", November 1980, zitiert nach Hielscher, Hans Uwe (Hg.) „Französische Orgelkunst der Spätromantik", S. 40.

Jehan Alain[88]

Jehan Alain wurde am 3. Februar 1911 in St-Germain-en-Laye geboren. Jehans Vater erkannte das Talent seines Sohnes schon relativ früh und meldete ihn am Conservatoire de Paris an. Er studierte Orgel bei Marcel Dupré und Komposition bei Paul Dukas. Mit seinem Kompositionsstudium hatte Alain nur geringen Erfolg, da seine Lehrer seinen Kompositionsstil zu „unorthodox" fanden. Zu den vielen Quellen, die die Entwicklung von Jehans Stil beeinflussten, gehörte unter anderem der Kontakt mit indischen und nordafrikanischen Musikern bei der Pariser Weltausstellung und das Aufkommen des Jazz. 1935 heiratete Alain und hatte Probleme, seine Familie durch diese schwere Zeit zu bringen, zwei Jahre später verunglückte seine Schwester Odile tödlich.

Im Zweiten Weltkrieg übernahm Alain 1940 die Aufgabe, den Vormarsch der deutschen Truppen zu beobachten. Er nahm an der Schlacht um Flandern, der Evakuierung Dünkirchens teil und kam bei der Rückkehr aus Bornemouth (England) als Motorradkurier bei Saumur ums Leben.

Alains Werke weisen eine stark rhythmische Komponente auf (Trois Danses), aber der Komponist lässt sich auch durch Kirchentonarten inspirieren (Deux Chorals). Ebenso prägte ihn der Einfluss anderer Kulturen (Danses a Agni Yavishta).

---

[88] Quelle: http://www.jehanalain.com/ [Stand 2002].

Zu Alains zahlreichen Kompositionen gehören die „Litanies" (1937), deren Zauber in der unerbittlichen Wiederholung eines gregorianisch anmutenden Themas liegt. Alain schreibt hierzu:

Wenn die Christliche Seele in ihrer Verzweiflung keine neuen Worte mehr findet, um die Barmherzigkeit Gottes anzuflehen, dann wiederholt sie ohne Unterlass dieselbe Anrufung mit lebendigem Glauben. Die Vernunft erreicht ihre Grenzen. Nur der Glaube folgt ihrem Flug gen Himmel.[89]

Duruflé und den um neun Jahre jüngeren Alain verband nicht nur derselbe Kompositionslehrer am Pariser Conservatoire, Paul Dukas, sondern sie kannten sich auch persönlich über den „Verein der Orgelfreunde" und schätzten einander.

Alains jüngere Schwester, die Konzertorganistin und Orgellehrerin Marie-Claire Alain, die sein Orgelwerk bis heute noch in Konzerten zu Gehör bringt, studierte später bei Dupré Orgel und besuchte während ihres Studiums die Vorlesungen in Harmonielehre bei Maurice Duruflé. Wie oben erwähnt, entstand das Orgelwerk 1942, zwei Jahre nach dem Tod des Komponisten, und wurde von Duruflé selbst an der Orgel des „Palais Chaillot" uraufgeführt.

Auch Jean Langlais widmete seinem Studienkollegen Alain eine Komposition, das 1942/43 entstandene „Chant héroique" aus der Sammlung „Neuf pièces pour orgue", Edition Bornemann, Paris.

Auch er verwendet das Zitat der „Litanies" – allerdings weniger wörtlich – und das verfremdete Zitat der „Marseillaise", der französischen Nationalhymne. Josepf Dahlberg hat diese beiden Werke gegenübergestellt und verglichen.[90] Die Unterschiede erstrecken sich, kurz zusammengefasst, von der Form ausgehend (Duruflé verwendet die Zweiteiligkeit von Präludium und Fuge, Langlais eine formal freie Einsätzigkeit), über die Auffassung des Todes (Langlais verzerrtes Nationalhymnenzitat verweist auf eine eher kritische Haltung zum „Heldentod" Alains, die bei Duruflé fehlt) bis hin zu den Grundmotiven. Beide verwenden

---

[89] Vorwort der Notenausgabe L´Œuvre d´Orgue de Jehan Alain – Tome II (Éditions Musicales Alphons Leduc, Paris):
„Quand l´âme chrétienne ne trouve plus de mots nouveaux dans la détresse pour implorer la miséricorde de Dieu, elle répète sans cesse la même invocation avec une foi véhémente. La raison atteint sa limite. Seul la foi poursuit son ascension."

[90] Dahlberg, Josef: „A la memoire de Jehan Alain. Betrachtungen zweier Orgelstücke von Maurice Duruflé und Jean Langlais" in: musica sacra 7/1990.

wie erwähnt das „Litanies"-Zitat, Langlais verfremdet es aber, während es Duruflé melodisch wörtlich zitiert und dazu noch den Namen ALAIN mittels eines Tonalphabets zum Klingen bringt. Diese Idee, Buchstaben und Worte mittels eines „Tonalphabets" in Musik zu transferieren, erinnert stark an Messiaen und seiner *„language communicable"*. In Messiaens umfangreichen Vorwort zum Orgelzyklus *„Méditations sur le Mystére de la Sainte Trinité"* hat er dieses Kompositionsprinzip dargelegt. Bei diesem „musikalischen Alphabet" Messiaens bekommt jeder Buchstabe einen genauen Ton, eine genaue Tonhöhe und Tondauer zugeordnet. Bestimmte Wörter werden auch als semantische Einheit in Musik bzw. Töne gesetzt. Ausgehend von den deutschen Ton-Buchstaben ordnet der Komponist jedem Buchstaben des Alphabets einen Ton in einer bestimmten Oktavlage zwischen D und fis^3 und eine Dauer zwischen einem und elf Sechzehntel zu. Dazu kommen noch viertönige Formeln für die unterschiedlichen Deklinationsfälle, ausgeprägte feststehende Formeln für bestimmte Wörter wie z.B. „Gott" u.ä.

Messiaens Buchstaben-Alphabet

So explizit legt Duruflé aber sein Alphabet nicht fest, wodurch seine Musik auch nicht den seriellen Aspekt der Musik von Messiaen bekommt. Duruflé verwendet auch nur die 8 Stammtöne der Diatonik der 0-Ebene und wiederholt diese Skala parallel zur Alphabetisierung nach den ersten acht Buchstaben, während Messiaen zum einen diese Reihe nicht parallel fortsetzt und zum anderen auch alle Töne der chromatischen Skala verwendet. Damit bewegt sich allerdings Duruflés harmonische und melodische Möglichkeit auch nur im Rahmen der traditionellen, ja eigentlich nur modalen Harmonielehre.

Duruflés Buchstaben-Alphabet und Thema für den Namen ALAIN

Das System der Umsetzung von außermusikalischen Bildern oder Wörtern in Musik findet sich im Übrigen in der Musikgeschichte seit dem Mittelalter, sei es, dass durch formale Strukturen Außermusikalisches wiedergegeben wird oder durch Tonarten. So ist zum Beispiel für Letztgenanntes auch schon im Barock die Tonartencharakteristika eingesetzt worden, wo z. B. die Tonart G-Dur auf Grund der Solmisationssilbe „sol" und des „strahlenden" Tongeschlechts Dur im Kontext mit „Sonnendarstellungen" auftritt. Auch in Maurice Ravels Klavierwerk *„Menuet pour le nome de HAYDN"* von 1909 oder der *„Berceuse sur le nom de Fauré"* für Violine und Klavier desselben findet sich die durufléverwandte musikalische Namensumsetzung, die somit Buchstaben, die über die bisherige Notenbuchstaben wie BACH von Bach oder Liszt hinausgehen, wieder. Die Urheberschaft für diese musikalische Idee ist nicht ganz geklärt. Es ist jedoch tradiert, dass in der Musikästhetik zwischen 1820 und 1850 über den Zeichencharakter der Noten diskutiert wurde. Um Musik in Analogie zur Literatur urheberrechtlich schützen zu können, mussten Noten als „Schrift" angesehen werden. Dies verneinte noch 1844 ein sächsisches Gesetz und gewährte so der Musik nur den geringeren Schutz für Werke der bildenden Kunst. Die für das literarische Urheberrecht entwickelte Dreiteilung von Idee, individueller Gestalt dieser Idee und Materialisierung dieser Gestalt hat Adolph B. Marx in die Musikästhetik übertragen: zwischen Idee und Musikdruck steht die Form. Da für Marx „Form und Idee ineinander aufgehen" und die Form sich in der Partitur materialisiert, konnte auch die Idee in den Noten aufgefunden werden. Dagegen behandelte Schillings „Musikalische Semiotik" 1840 Noten als Zeichen nur für Töne, nicht aber für die „Ideen", die in der Aufführung mit den Tönen verklingen. Möglicherweise trug diese Diskussion ja zu dieser musikalischen Entwicklung bei?

1.4.1. Prélude

Das Prélude lebt aus drei Themen: Das erste Thema ist die musikalische Umsetzung der Buchstaben des Namens ALAIN in endlosen, arabesk anmutenden Achtellinien (cf. supra). Das zweite Thema ist ein melodisches, das stark an die „Litanies" erinnert. Duruflé wiederholt es durch die verschiedenen Lagen hindurch wie eine Beschwörung der Litanies (cf. unten: Motiv ε).

Der erste größere Formteil des Préludes umfasst die Takte 1 bis 44. Dieser Abschnitt kann wiederum in drei Teile untergliedert werden: T. 1-11, 12-25 und 26-43. Aus dem ALAIN-Motiv bildet Duruflé das Laufwerk in den für Duruflé typischen Triolen[91] und damit auch das erste Thema des Préludes. Damit ist im ersten Takt schon dieses Diptychon ein – wie nicht anders zu erwarten – zyklisch zusammenhängendes Gebilde. Nach diesen ALAIN-Motivtönen wird die Melodie wieder zurückgebogen zum Ausgangston „a". Diesen beiden Achteltriolengruppen folgt noch eine Achteltriolengruppe, die eine Wechselnotenfigur „a-b-a" darstellt, sowie eine Achteltriolengruppe, die sich dem, schon im Motiv verankerten aufwärtsgerichteten Quartsprung a-d anschließt und nach einer Sekunde aufwärts eine Quinte abwärts springt, um so den ersten Takt auch melodisch im Anfangston „a" abzuschließen. Somit ist auch im ersten Takt das gesamte motivische Material des ersten Prélude-Abschnittes schon vorgestellt. Duruflé gewinnt hauptsächlich aus diesem Quartmotiv der ersten Achteltriolengruppe und dem Wechselnotenmotiv der dritten Achteltriolengruppe das Prélude durch leichte Variation der Motive und Intervallik sowie ständige Neukoppelung, die dann auch leicht variiert wird. So wächst aus nur einem Takt kontinuierlich ein ganzes Stück. Im noch folgenden „Prélude à l'Introït de l'Epiphanie" op. 13 herrscht dieses Prinzip auch explizit vor und wird an dieser Stelle dann detaillierter behandelt werden. Nach der Wiederholung des ersten Taktes beginnt also ab Takt 3 die Weiterentwicklung des Motivs ex se, indem hier zuerst die Wechselnotentriolengruppe kommt, dann eine Triolengruppe beginnend mit „c¹", die der letzten Triolengruppe des ersten Taktes gleicht, und hierauf sequenzartig zwei Achteltriolengruppen, die mit ihrer Intervallik einer aufsteigenden Sekund und einer dann fallenden Terz der letzten Triolengruppe des ersten Taktes entlehnt sind. Dieses Prinzip verfolgt Duruflé ebenso wie die Kompositi-

---

[91] Diese Triolenbewegung findet sich u.a. auch im „Prélude" des „Veni creator", op. 4 und in der Orgelstimme im Gloria der „Messe cum jubilo", op. 11 (1. System, S. 11) und als Sechzehnteltriolenbewegung in der Orgelstimme des Sanctus aus dem Requiem, op. 9.

onsidee der Wiederholung also nun weiter. Der zweite Takt des Préludes stellt die Wiederholung des ersten dar. Auch die Takte 6 und 9 sind eine wörtliche Wiederholung der vorherigen Takte. In diesen ersten elf Takten lässt sich auch eine dynamische Steigerung nachvollziehen. Das Prélude beginnt auf dem Positiv in einer Piano-Registrierung mit Bourdon 8′, Flute 4′ und Octavin 2′ oder der ossia-Angabe für den Fall, dass das Positiv nicht schwellbar ist, nur mit Bourdon 8′ und Flute 4′. Das Pedal setzt erst im Takt 8 ein, bis dahin begleitet die oben beschriebene Melodie die linke Hand mit auch nur spärlich gesetzten, die Grundtonart d-Moll[92] festsetzenden leeren Quinten Grundton-Quintton (im ersten System noch mit Verdoppelung des Grundtones in der Oktave). Diese Setzweise wird ebenfalls ab Takt 8 dichter, indem die Bourdungriffe zu Dreiklängen erweitert werden. Nach einer sequenzhaft sich in die Höhe schraubenden Überleitung in der Melodieentwicklung ab Takt 10, bei der das metrisch eine Halbe umfassende Sequenzglied, bestehend aus einem nach oben und einem nach unten gerichteten Wechselnotenmotiv – ebenfalls wieder thematisch gebunden – stufenweise nach oben versetzt wird, folgt mit Takt 12 bis 25 ein zweiter Teil dieses ersten Themenabschnittes. Die Tonalität wechselt in die 0-Ebene F-Dur. Die Takte 12 und 13 werden in diese neue Tonart transponiert und auch im Folgenden wird die Melodieentwicklung bis auf geringfügige Abänderungen in der Intervallik vornehmlich bei Motivanknüpfungen abgeändert, was aber vom Prinzip und der Art der Intervalländerung her an eine tonale Fugenbeantwortung erinnert. So schließt z.B. im Takt 15 die zweite Achteltriolengruppe im Quart- statt Quintabstand an die erste oder die dritte im Quint- statt Quartabstand an die zweite. Allerdings lässt sich diese Komplementärersetzung der Intervalle nicht generalisieren, da z.B. im Takt 16 die dritte Gruppe an die zweite im Terz- statt Sekundabstand anschließt etc. Aber die Verwandtschaft der beiden Teile ist, trotz dieser Feinheiten und der in der Art von T. 8 ff. beibehaltenen Begleitung (mit Pedal) unüberhörbar. Ab Takt 17 setzt eine harmonische Modulation bei fortbestehender motivisch-thematischer Entwicklung nach Art von absteigenden wiederum halbtaktigen Sequenzen ein. Der harmonische Verlauf stellt neben Obersekundpendeln ab Takt 14 taktweise F-Dur / G-Dur akustischer Nonakkord / F-Dur / G-Dur akustischer Nonakkord / dominantischer F-Dur Septakkord dann einen harmonisch gesehen impressionistischen Satz, verteilt über die ganze Klaviatur dar (T. 19 f.). Als zu Grunde liegende Harmonien

---

[92] Bei einer allerdings konsequenten Vermeidung des Leittons „cis".

könnte man im Takt 19 pro Takthälfte einen akustischen Nonakkord auf Es[93], daraufhin einen großen Nonakkord über Des und dann taktweise einen großen Nonakkord über C, einen kleinen Nonakkord über D und einen akustischen Tredezimakkord über C feststellen (was mit den beiden letzten Akkorden zusammen ein Obersekundpendel ergibt), gefolgt von einem plagalen Sekundschritt zu einem akustischen B-Nonakkord. Anschließend folgt in einem authentischen Hauptschritt ein dominantischer Es-Dur-Septakkord mit figurativer Erweiterung um die übermäßige Undezime („a") und die akustische Tredezime („c")., der sich allerdings dann tritonal, nicht dominantisch in einen akustischen A-Tredezimakkord auflöst. Dieser bereitet dann authentisch einen neuen Formabschnitt vor.

Hier zeigt sich Duruflé als Meister der bei Gallon, wie oben geschildert, erlernten Kunst der „harmonie fleurie", also der Möglichkeit, die Akkorde mit einem Rankenwerk von harmoniefremden Noten in Abwechslung und Verbindung harmonieeigener zu umspielen. Somit wird bei Akkorden mit solch hohen Optionen die Zuordnung harmonieeigener Töne zur Definition bzw. die Abtrennung harmoniefremder Töne zur Klärung einer Harmonie sehr schwer. Dies ist aber auch wiederum typisch impressionistisch.

War der zweite Formabschnitt der Takte 12 bis 25 noch sehr nah am ersten – tonal steht er auch wieder in d-Moll –, so besteht bei dem nun folgenden dritten zwar auch noch eine Verbindung durch die Melodie, es wird aber in der linken Hand ein neues Element eingefügt. In der rechten Hand findet man weiterhin in den ersten beiden Achteltriolgruppen explizit das ALAIN-Motiv des Anfangs wörtlich zitiert und man stellt fest, dass die Takte 26 und 27 in der rechten Hand die Transposition der Takte 1 und 2 um eine Oktave nach oben darstellen. Auch in Takt 29 und 30 wird das wiederholt, biegt aber im Takt 30 in der letzten Triolengruppe harmonisch anders ab, was v.a. durch das „gis" deutlich wird. Dazwischen wird in dreimaliger Sequenz das Wechselnotenüberleitungsmotiv (cf. T. 11 erste Takthälfte) verwendet, um die Teile zu verbinden. Auffällig bei diesem Motiv ist, dass sich durch die melodische Struktur, noch dazu in diesem raschen Tempo, die Taktschwerpunkte zunehmend auflösen, so dass diese Takte, wie auch schon in T. 24 beginnend, zunehmend frei klingen. Unterstützt wird diese Hörauffassung noch durch die Taktwechsel in den Überleitungen zum 3/2-Takt hin, während die Takte mit den ALAIN-Motiven wieder im anfänglichen

---

[93] Zu den Bezeichnungen cf. Gárdonyi, Zsolt u. Nordhoff, Hubert: „Harmonik" - Glossar.

2/2-Takt stehen. T. 32 f. bringen noch einmal die Anklänge an das ALAIN-Motiv, was man auf Grund der zweitaktigen Themenphrasen, gebildet durch Wiederholung, fast schon erwartet. Sie sind aber in der Intervallik schon zunehmend freier, bis die Struktur ab Takt 39 fast ausschließlich durch das Wechselnotenmotiv geprägt ist. Takt 36 bis 38 bilden noch eine absteigende Sequenz, die ihren thematischen Kopf schon in der ersten Takthälfte des Taktes 35 findet und dann nach duruflécher Variatio-Manier auch ihre Sequenzierung leicht abändert, den typischen Themenkopf der fallenden Quinte mit anschließend fallender Quarte aber stets beibehält, ebenso wie das Wechselnotenmotiv.

Zu diesem kontrastiert wirkungsvoll ab Takt 26, in der das tonikale Zentrum d-Moll wieder erreicht ist, eine getragenen Akkordverbindung in der linken Hand auf dem Récit. Diese bedarf einer typischen Gambe in Kombination mit der Voix céleste, wie sie im französischen Orgelbau zu finden ist.

Anhand dieser Akkordverbindung lässt sich dieser zweite Abschnitt des Préludes noch in vier Teile untergliedern: T. 26-28, 29-31, 32-37 und eine Coda T. 38-43 teilweise über einem dominantischen Orgelpunkt. Diese Akkordverbindungen sprechen die typische harmonische Sprache Duruflés. Dahlberg[94] bezeichnet sie als einen „Choral der Todesahnung", was so („historisch-authentisch") nicht belegt ist. Ich möchte aber für die Analyse diesen vorgeprägten Begriff zur Determination verwenden und das Motiv mit υ bezeichnen.

Das Harmonieschema der Takte 26-38 ist wie folgt: d-Moll (Pendel mit a-Moll mit unaufgelösten Quartvorhalt) – F mit sixte ajouteé-E-d-E ü$^4_3$-d-F^{j7}-d^{v7}-B-cis^{v7}-B (in Pendeln) – B-B^{j7}-E$_2$-A $^6_5$-a h^{v7} – D ü$_2$-G 6-(WH)-G ü^7-A. Auffällig ist die Verwendung tradierter Topoi wie z.B. übermäßiger Terzquartakkorde, allerdings mit einer plagalen Auflösung E-d bzw. die Weiterführung der Doppelleittonklänge hin zur Verwendung der bisher untypischen Positionen: Grundstellung und Sekundakkord.

Dieses harmonische Prinzip folgt auch einem dreigeteilten Aufbau. Takt 26 bis 28 bildet einen Abschnitt, von Takt 29 an bis 31 wird dieses Schema wiederholt, bringt aber im Takt 31 ab dem zweiten Akkord andere Lagen und andere Optionen des Grundakkordes. So findet sich der zweite Akkord mit der Basis F-Dur in der Quintlage und mit der großen Septe an Stelle der sixte ajoutée und der die Phrase abschließende E-Dur-Akkord als kleiner Nonakkord. Nach diesem α-

---

[94] Dahlberg, Josef: „A la mémoire de Jehan Alain" a.a.O., zitiert nach Abbing, S. 290.

und α'-Teil folgt ein anderer Teil β, der mit Hilfe der Variantentechnik angeschlossen wird. Über einem als tonikalen Orgelpunkt zu wertenden d im Takt 34 folgt zwei Mal ein Untersekundpendel, besetzt mit einem verminderten Septakkord, und daraufhin nach rhythmischer Art des Taktes 28 und 31 die Harmonienfolge B-B mit großer Septe, dominantischer E-Septakkord, der sich authentisch in einen A-Dur-Quintsextakkord auflöst, gefolgt von einem halbverminderten Septakkord über a und einem D-Sekundakkord mit tiefalterierter Quinte, wobei die Terz und die tiefalterierte Quinte doppelt leittönig auf den Grundton des anschließenden und damit authentisch erreichten G-Dur-Quintsextakkordes zielen. An diesem harmonischen Prozess beteiligt sich auch das Pedal. Diese letzte Harmoniewendung wiederholt Duruflé, bevor er den dominantischen Orgelpunkt durch den A-Dur Dreiklang in der linken Hand, verstärkt über einem grundstelligen übermäßigen G-Dur Septakkord (unalteriert betrachtet) mit großem Septsprung im Pedal, erreicht.

Dieser formale Ablauf mit α-α' und β könnte als Variation der Barform gesehen werden, der sich Duruflé gerne bedient[95], und die auch in diesem Stück gleich im nächsten Abschnitt wieder erscheint: Zwei „dritte Motive" bringen die ersten Anklänge an Alains „*Litanies*". Das erste (hier bezeichnet mit ε) nimmt den Triolenrhythmus und den Melodiegestus des Themas der Litanies vorweg. Es wird vom Cornet des Recit vorgestellt und umfasst 8 Takte, aufzugliedern in 4 x 2 Takte. Dieser Melodieaufbau ist nun in der typischen Barform mit Stollen χ (T. 44-45), Stollen χ' (T. 46-47) und Abgesang δ (T. 4849):

Thema ε, dem Hauptthema der Litanies nachempfunden (Motiv χ)

Dieses Thema ist in a-Moll gehalten und es zeigt schon sehr die Verwandtschaft zum Litaniesthema von Alain:

---

[95] Cf. Sicilienne aus op. 5.

Litanieshauptthema von Alain

Ein harmonisch-modologisches Hauptmerkmal hier bei diesen Zitaten ist die „lydische Quarte", also der Tritionus, der bei dem lydischen Modus zwischen Fa und Si moduseigen entsteht. Dieser Tritonus ist sowohl im Motiv χ' zu finden, wo es eben die leichte Veränderung ausmacht (T. 47), als auch im T. 51. In diesen beiden Takten 50 und 51 bringen die 8'-Grundstimmen des Hauptwerkes das zweite litaniesangelehnte Thema, hier bezeichnet mit ϕ. Dieses ist dem „Eingangsrezitativ" der „Litanies" entlehnt und *senza rigore*, also *frei* zu spielen.

„Eingangsrezitativ" der „Litanies"

entlehntes Thema ϕ

Von Takt 52 bis 57 erklingt wieder das Motiv ε mit seinen charakteristischen Dreiklangsbrechungen in der Begleitung, aber in der kleinterzverwandten Tonart Es-Dur (-3-Ebene). Dabei wird der zweite Teil des Stollens χ nun akkordisch geführt (T. 53) und das Pedal ist nun auch mit beteiligt. Mit der neuen Tonart ändert sich auch die Registrierung: zum einen wird dieses dem Hauptthema der „Litanies" entlehnte Thema nicht mehr auf dem Récit, sondern auf dem Hauptwerk vorgetragen, und hier findet sich jeweils die explizite Angabe Flûte harmonique, Bourdon und Principal statt Fonds 8'. Takt 58 und 59 wiederholen noch einmal Takt 50 und 51, diesmal aber in Es-Dur. Die Melodie mit dem Thema φ verlangsamt sich, um danach noch mehr zu retardieren und hin zu einem Orgelpunkt „C" im Pedal zu diminuieren, über den von Takt 62 bis 66 auch mit der Schwellerangabe *mf*, dann *p* eine Überleitung zu einem neuen Teil stattfindet. Diese Überleitung ist zweigeteilt, auch kompositorisch deutlich durch die Fermate Takt 63. Jeder Teil besteht aus einer dreimaligen abwärts gerichteten Sequenz, die bis auf die letzte Note schon bei der Überleitung zu diesem eben beschriebenen zweiten Teil B zu finden ist: z.b. Takt 36 zweite und dritte Achteltriolengruppe oder Takt 37 fünfte und sechste Achteltriolengruppe. Harmonisch gesehen stellen diese beiden Überleitungsteile sich erst als c-Moll-Septakkord dar, dann durch die Tiefalteration des „g" zum „ges" als halbverminderter Septakkord über C.

Der nun folgende dritte größere Abschnitt C von Takt 67 bis 111 ist eine inhaltliche Reprise des Anfangs: Das ALAIN-Motiv tritt wieder mit dem gleichen Prinzip der Begleitung, samt dem „Wechselnotenmotiv" in Erscheinung, und die Takte 66 bis 74 entsprechen in der Melodie völlig den Takten 1 bis 9. Das neue tonale Zentrum dieses Abschnittes ist g-Moll (-2-Ebene). Das Pedal ist nun als Doppelpedal vorzufinden, allerdings nur in der Tonverdoppelung und nicht in zwei selbstständig geführten Stimmen. Wie auch im A-Teil moduliert das Stück über das Wechselnotenmotiv in die Oberquinte, und so befindet sich analog zum A-Teil nach den Takten 75-76 der folgende Abschnitt (Takt 77-94) in d-äolisch. Allerdings bringt Duruflé hier nicht das zu erwartende ALAIN-Motiv wie im A-Teil, sondern nimmt aus der Weiterentwicklung des Anfangs das Wechselnoten-Oktavsprungmotiv (cf. T. 8 mit der Erweiterung der Septe in der zweiten Gruppe zur Oktav bzw. in der Form von T. 27 zweite Achteltriolengruppe in der Variatio des Themas). Ab Takt 79 kommt wieder das Überleitungs-Wechselnotenmotiv und ab Takt 81 folgt dann das erwartete ALAIN-Motiv, diesmal in B-Dur. Es bricht aber dann gleich wieder aus, indem in der zweiten Sechzehnteltriolengruppe im Takt 82 die Sexte wieder durch die Oktave ersetzt wird, und nach dem Prinzip der Weiterentwicklung des A-Teiles (Takt 12 bis 25, cf. ibidem) leiten die folgenden Takte wiederum zum Motivabschnitt mit dem „Todeschoral" (Motiv υ) über, der wie im A-Teil erneut in g-Moll steht. Dieser Teil ist, ebenso wie die Takte 12 bis 25, harmonisch gesehen sehr interessant. Dabei geht Duruflé diesmal aber andere Wege. So ist die Begleitung der Melodielinie in der linken Hand von Takt 86, zweite Takthälfte, bis Takt 89, erste Takthälfte, in dominantischen Quintsextakkordmixturen mit der Grundtonfolge C-B-As-F geführt. Nimmt man ab derselben Stelle die Melodietöne noch dazu, so findet man eine akustische Nonakkordmixtur ab dem Takt 87 vor (über denselben Grundtönen), in die neben der Quintquartschichtung im Takt 89 und 91 zweite Takthälfte als Wiederholung man im Takt 90 auf eins einen Betaakkord findet. Dieser Beta-Akkord[96] ist eine Teilstruktur des Alpha-Akkordes, der sich als symmetrischer Achtklang durch Aneinanderfügung von zwei verminderten Septakkorden (und damit zwei angrenzenden Kleinterzachsen) im Eckintervall einer großen Sekunde definiert. Dieser Akkord ist die vertikale Komponente der Distanzharmonik, der Einteilung der Oktave in verschiedene gleichmäßige Abstände, eben Distanzen. Teilt man die Oktave in gleichmäßige Einheiten von vier kleinen Terzen ein, so bekommt man aus dem „Diatonischen Total" und der Übereinanderschichtung der Achsen drei unterschiedliche verminderte Septakkorde.

Alphaakkord-Betaakkord

Der Betaakkord umfasst per definitionem die unteren fünf Töne eines Alphaakkordes. Und einen solchen symmetrischen Akkord und dessen stete akkordeigene reale Figurierung findet man in Takt 90.

Analog zum A-Teil setzt nun ab Takt 96 wieder in der g-Moll-Tonalität das Motiv υ in der Gliederung von Stollen α (T. 95-97), Stollen α' (T. 98-100), Abgesang β (T. 101-106) und Coda (T. 107-112) ein. Auch melodisch und nach dem Kompositionsprinzip entspricht das Folgende dem A-Teil. So setzt im Takt 113 das Motiv ε mit seinen beiden Stollen (T. 113 und 114 bzw. 115 mit 116) ein, wiederum im Cornet des Récit, aber diesmal in der Tonart As-Dur. Auch das Pedal ist nun mit aufsteigend gebrochenen Dreiklängen im Staccato beteiligt. Vor dem Abgesang bricht jedoch das Thema ab und es erscheint somit in Kombination der erste Stollen α des „Todeschorals" υ im Takt 117. Dieser steht hier in der Zwischentonalität c-Moll (auch hier fehlt der charakteristische Leitton), wobei die für das Motiv charakteristische Harmoniefortschreitung im Takt 119 diesmal von c-Moll ausgeht über einen c-Moll-Septakkord hin zu einem

---

[96] Cf. Gárdonyi, Zsolt u. Nordhoff, Hubert: „Harmonik".

verminderten Septakkord über c bzw. mit dem Melodieton zu einem kleinen Nonakkord über d, um sich dann in Ces-Dur (!!) aufzulösen. Die Registrierung ist auch wieder Gambe und Voix céleste des Récit.

Im Takt 121 wechselt die Tonart nach Ces-Dur und die beiden Stollen des Motivs ε erklingen mit einer Zungenstimme im Récit (entweder Hautbois oder Trompette) im Abstand von einer Halben zwischen der so nun zweistimmig geführten Oberstimme. Nach der leicht verebbenden Bewegung wechselt das Motiv wieder zum Todeschoral (υ) im Takt 125, der nun ganz mit Stollen α (Takt 125-127), Stollen α' (Takt 128-130) und Variation des Abgesanges β' (Takt 131-138) in der Mediantentonart es-Moll erscheint. Somit entfernt sich Duruflé in diesem Abschnitt C sehr weit von der Ausgangstonart des d-Moll. Wie auch bei den vorherigen Übergängen leitet das Wechselnotenmotiv ab Takt 139 zum nächsten größeren Abschnitt über. Dabei erscheint dieses Thema, das durch seine Wiederholung bis hin auf Taktlänge verlängert ist, nun noch mehr Taktschwerpunkt aufhebend. Diese Überleitung ist auch länger im Vergleich zu den vorherigen, wird nun aber durch das wörtliche „Litanies"-Zitat, das im Takt 158 erscheint, vorbereitet. Bis Takt 153 bildet sie quasi ein Rezitativ mit Kernmotiven, eben dem Wechselnotenmotiv in rhythmischer Realform (T. 142 und 144), aber auch augmentiert und im zweiten Teil verändert im Pedal (T. 146 und 148), von dem sich der letzte Teil verselbstständigt (T. 150) und die Bewegung, die schon seit Takt 132 dynamisch und unter dem Aspekt der absteigenden Linie zurückging, völlig zum Stillstand kommt. Dies alles ereignet sich erst zwischen einem dominantischen F-Dur-Septakkord (T. 143 und 145) kadenzierend, dann unter einem zwischentonikalen B-Dur-Dreiklang (T. 146-150), stets auf dem Récit mit Gambe und Voix céleste. Nach einer Generalpause mit Fermate und dem Zusatz „*long*" wechselt die Tonalität nach D-Dur (eingeleitet mit einem Sextakkord), und mit den sanften Grundstimmen des Positivs erscheinen sehr choralartig (*Poco piu lento*) die beiden Stollen des Motivs ε, bevor in Takt 158 nun das originale „Litanies"-Hauptthema in E-Dur zweimal, nach Art der Originalkomposition Alains, erklingt. Die Tempobezeichnung Viertel gleich Viertel und „du triolet précédent" bewirkt auf Grund der vorherigen Tempoangabe bei dem Motiv ε ein eher langsames Zitat des ursprünglich sehr schnellen Litanies-Themas. Hierzu hat Marie-Claire Alain bei einem Meisterkurs an der Hochschule für Musik Würzburg im Jahre 1999 erwähnt, dass dies daraus resultiere, dass man zur Entstehungszeit von Duruflés Komposition das Thema der „Litanies" ihres Bruders so langsam gespielt habe. Eine interessante Bemerkung. Das

Prélude endet, nachdem dialogisch noch einmal die beiden Stollen des Motivs ε in G-Dur zitiert wurden, von denen sich der letzte Stollenteil abtrennt, der dann durch die Manualverteilung führt und die unterschiedliche Registrierung Prinzipal 8′(GO), Cornet (R) und Cromorne (P) Dialog ergibt. Dieses abgespaltene Motiv steigt sequenzhaft abwärts und leitet zur Fuge über. Zusammenfassend lässt sich folgendes formale Schema des Praeludiums erstellen:

Takt	Formteil / Motiv	Tonalität
1-44	**A-Teil: ALAIN-Motiv und „Todeschoral-Motiv"**	
11-25	*ALAIN-Motiv mit Weiterentwicklung*	
1-11	ALAIN-Motiv mit Weiterentwicklung	d-Moll
12-25	ALAIN-Motiv mit Weiterentwicklung	F-Dur
26-43	*„Todeschoral"-Abschnitt (Motiv υ)*	
26-28	Stollen α	d-Moll
29-31	Stollen α′	d-Moll
32-37	Stollen β	(freie Modulationen)
38-43	Coda	(freie Modulationen)
44-61	**B-Teil: „Litanies"-Motive**	
44-49	*Motiv ε, dem Hauptthema der „Litanies" nachempfunden*	
44-45	Stollen χ	a-Moll
46-47	Stollen χ′	a-Moll
48-49	Abgesang δ	a-Moll
50-51	*Motiv φ, dem Rezitativthema der „Litanies" nachempfunden*	C-Dur
52-57	Motiv ε′	Es-Dur
58-61	Motiv φ (verebbend)	c-Moll
62-66	Überleitung	c^7 bzw. $c_\phi^{\,7}$

67-112	A´-Teil	
67-76	ALAIN-Motiv	g-Moll
77-94	Weiterentwicklungsmotiv / ALAIN-Motiv	d-Moll
95-106	*„Todeschoral" (Motiv v)*	
95-97	Stollen α	g-Moll
98-100	Stollen α´	g-Moll
101-106	Abgesang β	(freie Modulationen)
107-112	Coda	(freie Modulationen)
113-153	**C-Teil: Dialog des „Litanies"-Motives und des „Todeschorals"**	
113-114	Stollen χ	As-Dur
115-120	Todeschoralmotiv-Stollen α	c-Moll
121-124	Stollen χ im Kanon	Ces-Dur
125-139	*„Todeschoral"-Motiv*	
125-127	Stollen α	es-Moll
128-130	Stollen α´	es-Moll
131-138	Abgesang β´´	(frei modulierend)
139-153	Überleitung (Coda ´´)	~> B-Dur
154-174	**D-Teil: Kombination des Motivs ε mit dem wörtlichen „Litanies"-Thema**	
154-157	beide Stollen χ von ε	D-Dur
158-159	wörtliches „Litanies"-Zitat	E-Dur
160-163	Stollen χ	G-Dur
164-174	Dialog der Abspaltung des zweiten Teils Stollen χ	~> Halbschluss A

1.4.2. Fuge

Aus der absoluten Ruhe nach der verebbten Bewegung hebt die Fuge an. Formal stellt diese Fuge eine sukzessive Doppelfuge dar, d.h. hier werden zwei Themen zunächst voneinander getrennt nach Art einer Fugenexposition verarbeitet und anschließend zusammengeführt. Dadurch werden die Themen in der Themensynthese zueinander zu Kontrasubjekten. Außerdem ergibt sich damit eine makroformale Dreiteiligkeit. Das ALAIN-Motiv bildet das erste Thema und somit die Grundlage der Fuge. Der zyklische Zusammenhang zum Prélude besteht aber nicht nur im ALAIN-Motiv selbst, sondern darüber hinaus sind die ersten drei Achtelgruppen identisch.

Dem ALAIN-Thema folgt die Sequenz des zweiten Taktes einen Ganzton tiefer, dann noch einmal mit umgekehrtem letzen Intervall und einer Überleitung zum Einsatz des Comes. Die Stimmeneinsätze sind in der traditionellen Reihenfolge Tenor (T. 1-5), Alt (T. 6-10), Sopran (T. 11-15) und Bass (T. 16-19), die schon bei Bach am häufigsten zu finden ist. Die Beantwortung des Dux im Comes in der Alt- und Bass-Stimme ist traditionsgemäß in der Oberquinte (a-Moll), jedoch real – wohl um das ALAIN-Motiv beibehalten zu können. Des Weiteren fällt ein beibehaltenes Kontrasubjekt auf, dessen Hauptcharakteristikum in seinem Rhythmus Viertel-Achtel besteht. Es folgen sieben Takte Überleitung zum nächsten Themeneinsatz im Tenor in Takt 28. Dieses Thema steht mit angeglichener Gestalt transponiert in F-Dur, hervorgehoben dadurch, dass die begleitenden Stimmen Sopran und Alt auf das Positiv gehen, während das Thema auf dem Hauptwerk gespielt wird. Das beibehaltene Kontrasubjekt findet sich im Pedal (allerdings auf Grund des melodischen Prozesses erst im 2. Thementakt). Nach der Themenvorstellung geht auch der Tenor auf das Positiv zurück und es folgt ein Zwischenspiel. Dessen vier Takte sind nun, obgleich manualiter, vierstimmig gehalten, ohne dass aber eine neu einsetzende Stimme das Thema exponieren würde. Die vier Takte bilden eine um eine große Terz aufsteigende Sequenz aus einem zweitaktigen Sequenzglied, in der thematisches Material verarbeitet wird. Der erste Fugenabschnitt schließt mit einem Themeneinsatz im Alt, diesmal aber ohne beibehaltenes Kontrasubjekt im Tenor im Takt 37 in C-Dur. Ein Decrescendo blendet sozusagen das erste Thema aus und ein zweites Fugenthema auf dem um ein Plein jeu-Tutti hochregistrierten Récit wird vorgestellt. Dieses neue Thema, das zuerst im Tenor (T. 43-46), dann im Alt (T. 47-52) und hierauf im Sopran (T. 53-57) erscheint, hat mit dem ALAIN-Motiv nichts zu tun, sondern bildet eine Gegenthema in gebrochenen Dreiklängen in

Sechzehnteln. Dieses Thema ähnelt in Struktur, Registrierung und Spieltechnik einem Carillon-Thema[97]. Es schraubt sich nach oben, wodurch die zum Erliegen gekommene Bewegung bis Takt 42 auch wieder aufgenommen wird. Die tonartliche Bestimmung dieses zweiten Themas fällt auf Grund der Struktur schwer. Man erkennt aber ganz deutlich, dass der zweite Einsatz des Themas im Alt eine reale Quintbeantwortung ist. Im harmonischen Kontext sind die Einsätze in C-Dur, G-Dur und F-Dur auffassbar. Erneut findet sich ein beibehaltenes Kontrasubjekt – nicht identisch mit dem des ersten Fugenteils, aber doch dadurch verwandt, dass es im Achteltriolenrhythmus gehalten ist und durch die immanente Dreiklangsbrechungsmelodik schon dem ALAIN-Motiv nahe steht. Nach nur drei Einsätzen des zweiten Fugenthemas erfolgt die Synthese mit dem ersten: In Takt 58 erscheint im Pedal in B-Dur das ALAIN–Motiv unter dem ebenfalls in B stehenden zweiten Fugenthema im Sopran. Dieses zweite Thema wird ab Takt 62 auch in der Überleitung motivisch verarbeitet, indem das Motiv aus sechs Sechzehntel nach der dritten nicht abwärts, sondern aufwärts geführt wird und somit eine aufsteigende Sequenz darstellt, die nach Es moduliert. Im Pedal finden sich Anklänge an das Kontrasubjekt des zweiten Themas, allerdings nur strukturell. Ab Takt 65 wird das ALAIN-Motiv im Sopran dann in der neuen erreichten Tonart über einer erst im Alt, dann auch gleichzeitig im Pedal verlaufenden absteigenden Tonleiterskala in punktierten Vierteln durchgeführt. Durch die kontinuierliche Weitung des Tonraumes findet eine ununterbrochene filigrane Steigerung statt und erst vom Récit wird auf das Positiv (T. 62), dann ab Takt 65 auf das Hauptwerk gewechselt. Ab Takt 69 fand sich in der Fuge die Anweisung „*Animer peu á peu, insensiblement jusqu'à la fin*", die Duruflé später herausgenommen hat.

Dazu gibt es folgende Aussage von Duruflé:

„(M.D.): Ja, ich habe das geändert und diese Anweisung ganz herausgenommen, nachdem ich darüber nachgedacht habe. Wenn man dort ein Accelerando macht, wird beim Hörer der Eindruck einer gewissen Nervosität des Spielers erweckt. Das ist nicht beabsichtigt.

(Marie-Madeleine Duruflé): Außerdem drückt sich ja auch in der Schreibweise schon ein Accelerando aus.

---

[97] Cf. hierzu: Dahlberg, Josef a.a.O.

(M.D.): Das Tempo der zweiten Fuge darf man nicht zu schnell nehmen; man verfällt da zu leicht in ein schnelles Tempo, ohne es zu merken."[98]

Diese Steigerung wird im weiteren Verlauf nicht nur durch zunehmende kontrapunktisch-fugentechnische Struktursteigerung unterstützt, sondern auch durch Aufregistrierung, indem ab Takt 82 das Positiv auf ein labiales Plenum, ab Takt 95 auch das Hauptwerk gesteigert wird. Anschließend wird dieses Plenum um die 8′ und 4′ Zungen und das Cornet, zuerst des Récit (Takt 105), dann des Positivs (Takt 117) und ab Takt 125 auch auf dem Hauptwerk, das im Takt 122 schon um die 16′ Grundstimmen erweitert wurde, noch einmal gesteigert.

Dabei fällt auf, dass diese Aufregistrierung immer mit einem weiteren Themeneinsatz in Verbindung steht, wie noch gezeigt wird, woraus man herleiten kann, dass hier – ähnlich dem Scherzo op. 2 – die Registrierung auch zur Formbildung beiträgt. Doch vorerst zurück zu Takt 65, bei dem ein neues Kontrasubjekt eingeführt wird, das mit der Überbindung an das Kontrasubjekt des ALAIN-Motivs erinnert und in seiner Sechzehntelstruktur mit gebrochenen Dreiklängen bzw. Dreiklangsausschnitten an das zweite Fugenthema, diesmal allerdings in aufwärtsstrebender Richtung. Im nachfolgenden Zwischenspiel wird im Sopran das schon im ersten Teil der Fuge in einem Zwischenspiel verwendete Motiv (cf. z.B. T. 33) wieder aufgegriffen, erst sequenziert (T. 74 bis 75) und hierauf im Alt nach demselben Prinzip wiederholt. Vergleicht man einmal diesen Takt 74 der Fuge mit dem Takt 81, zweite Takthälfte des Préludes, so stellt man auch in den Kontrasubjekten, die natürlich stets im thematischen Bezug zu den Hauptthemen stehen, einen direkten Bezug zwischen Prélude und Fuge fest. Auch diese Tatsache unterstützt eine Zyklusbildung. Ab Takt 78 wird dieses Motiv rhythmisch diminuiert. Sogar die Töne sind mit denen des Taktes 81 im Prélude identisch. Diese Steigerung auch im Überleitungssubjekt führt zu einer Reprise des Themeneinsatzes des zweiten Themas in A mit dem beibehaltenen Kontrasubjekt im Tenor über dem zur Grundtonart dominantischen Orgelpunkt. Auch dieses Thema wird sequenziert und zur Steigerung gebracht (T. 88 ff.), ehe die erste Engführung der Fuge im Takt 95 beginnt. Im Sopran erscheint das ALAIN-Fugenmotiv in der Duxgestalt und -tonalität über einem Sechzehntelmotiv der linken Hand, das aus der Abspaltung der zweiten Sechzehnteldreiergruppe des zweiten Motivs und Verselbstständigung erwächst. Während die

---

[98] Interview mit Maurice Duruflé in „The American Organist", November 1980, zitiert nach Hielscher, Hans Uwe (Hg.) „Französische Orgelkunst der Spätromantik", S. 39f.

erste Hälfte der Sechzehntelgruppen des zweiten Fugenthemas (zur Veranschaulichung siehe T. 44) eher einer akkordischen Figuration entspricht, besteht die zweite Hälfte fast durchgehend aus einer „lückenlosen" Dreiklangsbrechung in eine Richtung. Dieses Motiv ist auch vorher schon in den Phasen der thematischen Verarbeitung selbstständig zu finden (cf. T. 57, aber aufsteigend u.a.). Im Abstand von zwei Takten führt ab Takt 97 der Bass das ALAIN-Motiv in der Parallele (F-Dur) eng, bevor das Begleitmotiv aus dem Tenor in den Sopran wandert (T. 102) und mittels Sequenzen etc. ein Zwischenspiel zur zweiten Engführungsphase ist. Diese beginnt im Takt 106 wieder zwischen dem diesmal in g-Moll stehenden Sopran und dem in der Oberquinte c-Moll beantwortenden Bass. Diesmal ist der Abstand zwischen Proposta und Reposta allerdings nur ein Takt. Nach dieser Engführung, begleitet durch die Sechzehntelketten, leitet ein weiteres „Stretta-Motiv" zur nächsten Engführung über. Dieses ist im Sopran (Takt 111) erst über Akkordfigurationen, die an die Carillonfuge op. 12 erinnern, dann über gestoßenen Akkorden zweistimmig geführt. Dieser Takt 111 stellt die rhythmische Diminuition der ersten beiden Fugentakte und somit das ALAIN-Motiv dar. Dieses, sich ständig steigernde Motiv leitet zur dritten Engführung der Fuge über, die sich diesmal zwischen dem Tenor und dem Bass ereignet. Der Abstand zwischen Proposta und Reposta beträgt wiederum einen Takt, jedoch ist dieses Themenpaar in der Umkehrung durchgeführt beginnend mit der Comesgestalt in der Oberquinte der nachfolgenden Duxgestalt in d-Moll. Nach dieser Engführung folgt erneut das diminuierte ALAIN-Motiv aus Takt 111 im Sopran an exponierter Stelle und bildet eine viertaktige Überleitung hin zur letzten Engführung zwischen dem ALAIN-Motiv im Sopran und dem Bass, wobei der Abstand zwischen Proposta und Reposta nur noch eine (triolische) Viertelnote beträgt, was dem ALAIN-Motiv im Pedal durch die Betonungsverschiebung eine neue Struktur gibt. Der Alt wirft in diese Engführung im Takt 127 auch noch das ALAIN-Motiv (aber ohne Weitentwicklung) ein. Durch diese kontrapunktische Finesse – die Engführung beider Themen bei gleichzeitiger Verarbeitung des ersten Themas als Kanon und Hin und Her zwischen Pedal und Manual, dem Crescendo auch in der Registrierung und eines natürlich auf Grund der Notenwerte steigernden Tempos, ohne dass ein Accelerando[99] nötig wäre – ergibt sich eine stetige Steigerung in einer Fuge mit einem toccatenhaften Schluss in der Stretta und dem „picardischen" Ende in D-Dur zum Ende des

---

[99] Cf. folgender Abschnitt.

Stückes hin. Aus dieser Analyse resultiert folgende Übersicht für den formalen Ablauf der beiden Themenexpositionen:

S	T/A	K/S									T/H
A		T/A	K/S					T/H		T/H	K/S
T	TA[100]	K/S				T/H		T/H	K/S		
B			T/A	K/S[101]							
Takt	1	6	11	16	20	28	33	37	43	47	53
Ton.	d	a	d	a	~>	F	~>	C	C	G	F
Gest.[102]	D	C	D	C		tra[103]		tra	D	C	tra
Pha.[104]	I	II	III	IV		V		VI	I	II	III
FT.[105]	Exposition				ZW		ZW		Exposition		
	1. Fugenthema: ALAIN							2. Thema			

---

[100] I.e. ALAIN-Thema im Gegensatz zu TH = zweites Thema.
[101] Kursiv gesetzt, um den Unterschied zwischen dem beibehaltenen Kontrasubjekt des ersten Teils mit dem des zweiten Teils v.a. dann in der Themensynthese und -kombination anzuzeigen.
[102] I.e. Themengestalt.
[103] I.e. transponiert.
[104] I.e. Phase.
[105] I.e. Formteil.

Und für die Synthese der beiden Themen folgende Übersicht:

S	T H	T A	T H	TA		T A	ta 106	Ta	ta	ta	TA
A											So-gA.[107]
T			K S	KT [108]	K T						
B	T A			T A		T A					TA
Takt	58	62	66	69	82	86	95	97	100	106	107	111	117	118	121	126	126
GS [109]	tra	tra	tra	D	tra		tra	tra	C [110]	D [111]	D*	D*'
Ton	B	Es	A	d	F		g	c	a	d	D	D
FT	Z W	Z W	Z W	EF	Z W		EF	Z W	EF	Z W	EF[112]

1.5. Fugue sur le theme du Carillon des heures de la Cathédrale de Soissons, op. 12 von 1962

Dieses die beiden wichtigen Formen des „Carillons" und der Fuge verbindende Orgelwerk ist die letzte Orgelkomposition von Duruflé. Sie entstand 1962, also

---

[106] Rhythmisch diminuiertes ALAIN-Motiv; cf. Analyseteil.
[107] ALAIN-Kopfmotiv-cf. Analysetext.
[108] Zur Erklärung cf. Analysetext.
[109] Gestalt des ALAIN-Themas.
[110] In der Umkehrung.
[111] In der Umkehrung.
[112] Mit anschließender Stretta.

ein Jahr später als das „*Prélude à l' Introït de l' Epiphanie*" op. 13., bekam aber vom Komponisten die Opuszahl 12.[113]

Die Fuge als logische Fortsetzung und artifizieller Entwicklungshöhepunkt der im Kanon praktizierten kontrapunktischen Grundsätze gehört, wie schon gezeigt, seit dem Ende des 16. Jahrhunderts zum festen Bestandteil organistischen Repertoires und auch Duruflé hat ja diese Form explizit schon in seinem Opus 7 verwendet.[114] Das „Carillon" ist per Definition die Bezeichnung für ein Instrumentalstück, das den Glockenschlag oder ein Geläute nachahmt, so z.B. bei F. Couperin in seinem Carillon für Cembalo oder in der ersten Orchestersuite von G. Bizet „*L'Arlésienne*". Neben der Klaviermusik[115] finden sich in der Orgelmusik die drei bekanntesten Carillons bei L. Vierne: einmal in den 24 Pièces en style libre op. 31 (II. Teil) und zum anderen in den „*Pièces de Fantasie*": in der zweiten Suite op. 54 das „*Carillon de Westminster*" und in der dritten Suite op. 55, „*Die Glocken von Hinckley*". Aber auch Dupré hat diese Form in den „7 pièces" op. 27 verwendet und Charles Tournemire im Officium zu Mariae Himmelfahrt im Zyklus „*L'Orgue mystique*".

Duruflés Werk entstand zum 25. Todestag[116] von Louis Vierne und ist so nicht nur eine musikalische Reverenz, sondern auch eine formale. Vierne widmete Duruflé im Jahr seiner Anstellung als Organist an Saint-Étienne-du-Mont sein Stück „*Matines*"[117], das das Glockengeläut der zerstörten Nachbarkirche Sainte-Geneviève-du-Mont motivisch verarbeitete. Ein direkter motivischer Bezug zwischen der Carillonfuge von Duruflé und den Carillon-Charakterstücken von Vierne kann kaum hergestellt werden, sieht man einmal von den auch bei Vierne in den „Glocken von Hinckley" vorkommenden Kanontechniken und ganz allgemein von der allen Stücken gemeinsamen Schlusssteigerung im Gestus eines „Glockenklanges" durch Mixturen und Klangüberlagerungen, erreicht durch Registrierung, ab.

Das steigende Thema des von Duruflé komponierten Carillons gibt die Töne des Glockenspiels der Kathedrale von Soissons wieder, das zu jeder vollen Stunde noch heute dort erklingt. So ist das Stück auch Henri Doyen gewidmet, dem

---

[113] Über diese Tatsache gibt es in der Literatur nur Hypothesen, aber keine gesicherte tradierte Begründung.
[114] A.a.O.
[115] Cf. M. Ravel „La vallée de cloches"; Nr. V aus den Miroirs (1904-1905).
[116] Hier hat sich Abbing wohl verrechnet.
[117] Zweiter Satz des „Triptyque" op. 58 von 1929/31.

„Chanoine[118]" und Organisten an der Großen Orgel der Kathedrale von Soissons, dem sowohl Maurice wie auch Marie-Madeleine Duruflé freundschaftlich verbunden waren. So kam es wohl auch, dass das Organistenehepaar 1961 und 1962 an dieser Orgel und an der von Saint-Étienne-du-Mont Werke von Vierne (darunter auch dessen Carillon de Westminster), Tournemire und eigene Kompositionen aufführte.

Das Thema des fünftönigen Glockenspiels lautet:

Dieses Motiv führt Duruflé weiter zum folgenden Fugenthema, so dass das Fugensoggeto zweiteilig wird und eben aus dem Glockenthema (T. 1 und 2; im Nachfolgenden mit Motiv α bezeichnet) und einer aufsteigenden Tonskala in Achteln samt absteigendem Quartabschnitt (T. 3 und 4; im Nachfolgenden mit Motiv β bezeichnet) und der Sequenzierung dieses Teiles (T. 5 und 6; im Nachfolgenden mit Motiv β′ bezeichnet) und einer freien Weiterführung, die aber rhythmisch durch die Folge Viertel-Achtel und auch motivisch durch entweder Terzfälle oder Skalenausschnitte mit den beiden Erstmotiven entwickelt wird.

Harmonisch sehr interessant ist die Tatsache, dass Duruflé das eigentlich als C-Dur aufzufassende aber auf Grund der ungewöhnlichen Klausel mit dem Ende in der Terz „e" nach dem Leitton „h" (natürlich jetzt von C-Dur aus betrachtet) nicht völlig abgeschlossen wirkende Thema in a-Moll auffasst, was er durch den tonikalen Orgelpunkt „A" zu Beginn und den gleichzeitig mit dem Thema auftretenden Kontrapunkt und die so entstehenden Harmonien deutlich ausdrückt. Dadurch erreicht er aber andererseits auch gleich ein akkordisch weiteres Spektrum, da so im Thema nicht nur die kleine Septe über der Tonika erscheint, sondern das Stück mit dieser Dissonanz beginnt.

So steht das ganze Stück gemäß der Vorzeichnung und dem Finalakkord in a-Moll. Entgegen jeder Tradition beginnt Duruflé die Fuge in polyphoner Dichte gleich dreistimmig, anstatt die einzelnen Stimmen nacheinander einsetzen zu lassen. Wie oben schon geschildert, tritt neben dem Thema im Alt ein simultaner Kontrapunkt im Tenor über einem tonikalen Orgelpunkt im Bass auf. Dieser si-

---

[118] Wörtlich „*Domherr*".

multane Kontrapunkt besteht – entsprechend dem kontrapunktischen Prinzip – aus einer absteigenden Skala (hier c^1 bis $d°$) in punktierten Vierteln während des in Vierteln und Achteln geführten Themas, das sich durch seine überwiegende Terzintervallik auszeichnet, und ab T. 4 aus einer aufsteigenden Skala, wobei auffällt, dass T. 4 auch in einem rhythmischen doppelten Kontrapunkt gehalten ist. Da dieser simultane Kontrapunkt der Fugenexposition allerdings nicht konsequent beibehalten wird und so z.B. beim Themeneinsatz im Sopran ab T. 15 mit Auftakt im Alt nur schwer nachzuvollziehen bzw. bei der noch näher zu analysierenden Engführung ab T. 76 oder fugentechnisch komplexeren Stellen auch nicht mehr direkt zu verfolgen ist, möchte ich hier nicht von einer simultanen Doppelfuge im traditionellen Sinn[119] sprechen, sondern eher von einer Fuge mit besonderer Fugenexposition.

Der melodische Glockenschlag läuft im weitern Verlauf durch alle Stimmen hindurch, wobei Duruflé sich aller Fugentechniken wie Spiegelung bzw. „Krebs" (i.e. „von hinten nach vorne"), Augmentation (i.e. in doppelten Notenwerten), Engführung (i.e. in zwei Stimmen kanonisch schon bevor die erste Stimme das Motiv ganz gespielt hat), Umkehrung (i.e. mit horizontal gespiegelten Intervallen) und strengem Kanon bedient und sich damit als Meister dieses Faches auszeichnet. So lässt sich folgender thematisch formaler Ablauf der Fuge nachvollziehen:

Das Stück beginnt also mit dem Dux[120] im Alt in a-Moll. Der nächste, sich nach einem kleinen Zwischenspiel bzw. einer Themenweiterentwicklung (T. 7-14) ereignende Themeneinsatz, traditionell der Comes, ist aber nicht wie zu erwarten in der Oberquinte e-Moll, sondern der Sopran stellt diesen Einsatz im Takt 15 in G-Dur, der Oberquinte der eigentlichen Carillon-Tonart C-Dur vor. Somit ist auch schwer zu klären, ob sich diese Beantwortung real oder tonal ereignet, zumal das Thema nicht mit der Septe der neuen Tonart wie beim Dux beginnt, sondern mit der Quinte „d". Die Intervallik ist in dieser neuen Tonart „tonal" beibehalten, so dass auch die Beantwortung am ehesten als tonal aufgefasst werden kann. Der schon mit dem Kontrapunkt beim ersten Dux involvierte Tenor bringt seinen Themeneinsatz mit dem Auftakt zum Takt 25 in einer zwischen, allerdings nicht leittönigem, a-Moll und C-Dur schwankenden Tonalität. Dabei beginnt das Thema wiederum nicht mit der Septe des zu erwartenden a-Moll „g"

---

[119] Cf. hierzu das gleichnamige Kapitel in Gárdonyi, Zsolt „Kontrapunkt", Möseler 1991.
[120] Mit simultanem Kontrapunkt im Tenor über tonikalem Orgelpunkt im Bass/Pedal.

wie zu Beginn, sondern mit „c", wobei die Intervallik hier bis auf die Ersetzung der großen Terz zwischen dem fünften und sechsten Soggeto-Ton durch eine Quarte ansonsten beibehalten wird.

Bevor der Basseinsatz im Auftakt zu Takt 50 die Exposition abschließt, folgt noch einmal ein 19-taktiges Zwischenspiel (T. 31 bis 49), das ungefähr ab der Mitte (T. 38) manualiter gehalten ist. In diesem Zwischenspiel verarbeitet Duruflé, verstärkt durch das Crescendo zum Takt 45 hin mit anschließendem Decrescendo durch den Schweller, das sowohl in dem simultanen Kontrapunkt des ersten Dux als auch diminuiert in der Weiterführung des Themas (Motiv β) vorkommende Tonleiterausschnittsmotiv hin zu einer für ihn typischen tonalen, da diatonischen Quintfallsequenz von Takt 42 bis 44.

Während Duruflés Komponistenzeitgenossen gezielt tonale Sequenzen vermeiden (um durch die real verwendeten Sequenzen, die durch die intervallgetreue Beibehaltung melodischer und rhythmischer Strukturen ohne Rücksicht auf tonartliche Gegebenheiten den Rahmen einer diatonischen Tonalität sprengen und somit die Oktave in verschiedene Distanzen[121] aufteilen), sind diese diatonischen Sequenzen in ihrer modal geprägten Tonsprache ein Merkmal durufléscher Harmoniefortschreitungen. Der Quintfall der dreistimmigen Septakkordsequenz ereignet sich in halbtaktigen Grundtonfortschreitungen und hat die Sequenzglieder a^7-d^7-g^7-C^7-F^7-B^7 mit einer harmonischen Weiterführung in einen g-Nonakkord. Die zu Grunde liegende Tonalität liegt also somit eindeutig auf der -1-Ebene. Nach dieser Quintfallsequenz greift Duruflé das Motiv, das sich im Takt 34 aus dem eben schon erwähnten Tonleiteranstiegssegment des Themas und des Kontrapunktes in Kombination durch Vorschaltung mit einem auch schon in T. 24 im Tenor oder T. 23 f. im Bass auftretendem Wechselnotenmotiv (Takt 34 erste Takthälfte, Sopran) in dieser Gestalt das erste Mal präsentiert, mit leicht anderer Intervallik auf. Die Bewegungsrichtung bleibt unverändert entsprechend der kontrapunktischen Strukturen (so z.B. Takt 28 im Sopran). An diesem Beispiel kann man ein Prinzip der durufléschen Motivweiterentwicklung ganz gut nachvollziehen: durch leichte Abänderung und neue Themensegmentkombination entsteht ein teils neues, aber doch mit dem alten verwandtes Motiv und so eine homogene Struktur. Dieses neu entwickelte Motiv bringt Duruflé imitatorisch zwischen Sopran und Tenor (T. 45-49) als Überlei-

---

[121] Cf. Gárdonyi, Zsolt u. Nordhoff, Hubert: „Harmonik": „Distanzprinzip-Distanzharmonik".

tung zum 4. Themeneinsatz im Bass, mit dem eine traditionelle Exposition abgeschlossen ist. Auf Grund des Umfangs der Exposition (immerhin 55 von 118 Takten – also fast die Hälfte des Stückes) und des Tonartenplanes bzw. des originellen Anfanges ist es aber kaum möglich, hier von einer traditionellen Exposition zu sprechen. So steht auch dieser vierte Themeneinsatz nicht wie zu erwarten in a-Moll, sondern in F-Dur und beginnt, wie auch schon häufiger, nicht mit der Septime des tonalen Zentrums, sondern, wie die beiden Male zuvor, mit der Quinte. Dabei ist auffällig, dass – betrachtet man nur die Themenmelodie – das Glockenzitatmotiv d im dritten und vierten Einsatz bis auf den letzen Ton sich von den Tonnamen her gleichen. Aber durch die Harmonisierung in den kontrapunktischen Stimmen scheinen sie sich in zwei verschiedenen Tonalitäten zu befinden, nämlich beim ersten Mal in der vorzeichenlosen 0-Ebene und beim folgenden Mal in der mit einem b vorgezeichneten -1-Ebene: F-Dur.

Nach 6 Takten Überleitung mit den Tonleitermotiven aus dem letzten größeren (manualiter) Zwischenspiel und dem dort neu gewonnenen Motiv aus der Kombination eines Wechselnotenmotivs mit einem Skalenausschnitt folgt im Takt 62 mit der dynamischen Steigerung durch Hinzuziehen der „Cymbale" des Hauptwerks über dem Orgelpunkt „e" des Pedals im sehr tief gelegenen Alt ein Themeneinsatz in der Umkehrung des Glockenmotivs α im tonalen Feld der 0-Ebene, hier als a-Moll zu hören, beginnend mit dem Terzton c, was mit dem Auftakt zu Takt 64 der Sopran aufgreift. In dieser Stimme wird nun das Glockenmotiv α ebenfalls in der Umkehrung in einer dreimaligen aufsteigenden Sequenz gesteigert; beim ersten Sequenzglied beginnend von dem Grundton „a", hierauf eine Quinte höher und beim dritten Mal mit einer abgeänderten Anfangsintervallik, indem aus der Anfangsterz eine Quarte wird. Noch einmal spaltet Duruflé die erste Hälfte des Motivs mit Quartbeginn ab und sequenziert es weiter. In diesen Takten schraubt sich so nicht nur die Melodie der Motivumkehrung durch die steigenden Sequenzen nach oben: diese Dynamik wird auch durch das Schwellercrescendo unterstützt. Als Kontrapunkt findet man in der parallel geführten und damit die „Glockenmixturen" motivisch vorbereitenden Alt- und Tenorstimme wieder die steigende Skala mit vorgeschaltetem Wechselnotenmotiv, das aber im letzten Intervall von dem die Wechselnote ausmachenden Sekundschritt auf ein Terzintervall ab T. 65 erweitert wurde und sich somit auch hier eine motivische Weiterentwicklung anzeigt. Es folgen noch vier Takte, in denen dieses Glockenmotiv mit Quartintervall, rhythmisch auf durchgehende Achtel verkürzt, noch viermal in einer aufsteigenden Sequenz gebracht wird, dann eine Stufe tiefer auf c noch einmal ansetzt und sich bis zu „c^3" „hochschraubt". Während dieser Stimmführung im Sopran hat der Alt einen aufsteigenden Tonleiterausschnitt, beginnend im Takt 70, der stark an die Umkehrung des Kontrapunkts vom Anfang erinnert, allerdings nicht halbtaktig geführt wird mit punktierten Vierteln, sondern in realen Vierteln, so dass neben den im 6/8-Takt geführten Stimmen der Alt einen dazu akzentverschobenen Dreivierteltakt hat. Der Tenor fließt in der gleichen Bewegung wie der Sopran, nur von der Intervallik her gesehen umgekehrt. Mit dem Taktwechsel zum 9/8-Takt folgen drei Takte lang charakteristische „Glockenklänge" in den Händen über dem noch zwei Takte andauernden Orgelpunkt „e" im Pedal. Das harmonische Prinzip dieser Glockenklänge besteht in dem permanenten Lagenwechsel eines e-Moll-Dreiklanges in weiter Lage: zuerst wechselt der Dreiklang fünf punktierte Viertelschläge zwischen Oktav- und Quintlage, wobei im Takt 74 untersekundenpendelartig auf den gleichen Lagenwechsel eines d-Moll-Dreiklangs ausgewichen wird. Ab dem letzten Taktdrittel des Taktes 75 schraubt sich das Motiv nach unten über den Lagenwechsel Terzlage – Oktavlage – Terzlage zu Oktavlage – Quintlage – Oktavlage ab Takt 76, um Raum zu schaffen für den exaltierten und durch das Hinzuziehen der 8′ und 4′ Zunge(n) des Récit sowie des Cornet aufregistrierten Sopraneinsatzes, der augmentiert das Thema (Motiv α und β ohne β′) in e-Moll bringt, wobei der erste Motivton diesmal die Terz der Zwischentonika darstellt. Dieser neue Einsatz wird sofort ab Takt 77 im Pedal in der Unterterz[122] ebenfalls augmentiert eng geführt, wobei das eigentlich auftaktige Thema nun um ein punktiertes Viertel verschoben und so volltaktig wird. Der Kontrapunkt hierzu im Alt besteht von Takt 77 bis 80 aus der absteigenden Sequenzierung des augmentierten Themenkopfes, eines Terzfalls, der über drei Takte dreimal absteigend von „c^2" über „h^1" nach „a^1" geführt wird und zu „h^1" zurückkehrt. Hierauf wird ein Takt lang – nun stets alles in punktierten Vierteln – ein diesmal absteigendes Skalensegment zitiert, hierauf das Wechselnotenmotiv allerdings mit der Abänderung in die Terz am Ende (analog T. 65), aber ebenfalls augmentiert, bis im Takt 83 nur noch das abgesplittete Quartmotiv davon übrig bleibt. Im Tenor wird das aus der Tenorstimme bei den Glockenklängen Takt 76, Schlag 1 auftretende Motiv herausgenommen, weiterentwickelt und ihm ein gebrochener Dreiklang vorangstellt, der durch diese Dreiklangslagenwechsel motivisch ja auch schon vorbereitet ist. So sequenziert Takt 77

---

[122] Abgeändert ist allerdings in T. 79 der erste Ton, der real ein c sein müsste.

zweimal stufenweise abwärts, bis er dann seine Weiterentwicklung in der Abänderung findet, die wiederum in gebrochenen Dreiklängen (ab T. 82) zu sehen ist. Mit dem Auftakt zu Takt 85 erfolgt ein weiterer Themeneinsatz in hoher Diskantlage in e-Moll analog, aber rhythmisch wieder mit dem vorherigen enggeführten Pedaleinsatz identisch. Auch hier findet eine Steigerung durch Ausweitung der Lage und mittels Aufregistrierung durch zunehmenden Klang statt. So sind die Bombarde 16′ auf dem Récit und die 8′ und 4′ Zunge(n) hinzuzuziehen sowie im Pedal alle Grundstimmen 16′-4′. Auch die begleitende Figur im Pedal ist, wie zu erwarten, motivisch angelehnt. In Takt 85 meint man zunächst, es handle sich um eine Umkehrung des eng geführten vorherigen Themeneinsatzes im Pedal (T. 77), die Stimme wird aber dann selbstständig, wenn auch rhythmisch analog weitergeführt. Der Alt und der nun zweistimmig geführte Tenor – also auch hier eine Steigerung in der Stimmenzahl – werden analog der Takte 73 ff. geführt. Somit wird hier das themenvorbereitende „Glockenspiel" mittels der harmonischen Figurierung eines Dreiklanges durch Lagenwechsel mit dem Thema verknüpft, so dass eine Synthese dieser beiden Strukturen entsteht. Ab dem Motiv β des Themas, der aufsteigenden Skala, führt Duruflé ebenfalls eine Skala im Pedal ein, allerdings von „g" bis „C" abwärts (T. 89 bis 93) und daraufhin noch einmal von „a" bis „G". Der Kontrapunkt zu diesen beiden Außenstimmen ist wiederum eine kleine Variation eines schon etablierten, sich selbst aber auch entwickelten Motivs, nämlich nach dem Prinzip von z.B. Takt 81 mit den gebrochenen Dreiklängen, bei denen nur der erste Ton durch eine Achtelpause ersetzt wird und jeweils ein Takt über einem Halteton liegt. Nach dieser Weitung des Stimmenraumes nach oben durch die aufsteigende Tonskala des Motivs β und nach unten durch deren Umkehrung im Pedal und einem weiteren glanzvollen Registercrescendo durch das Hinzuziehen der 8′- und 4′-Zunge sowie des Cornet des Hauptwerkes und der Pedalzungen 16′ bis 4′ gipfelt das Stück mit der ganzen Kraft der Orgel in den glockenartigen Mixturen des Themas im Sopran in der allerdings augmentierten Originalgestalt, auch mit „g" beginnend über dem rhythmisch anfangs komplementären Kontrapunkt im Pedal und dem Prinzip „Glockenklängen" aus dem Zwischenspiel (T. 74), allerdings schon weiter entwickelt durch die Übernahme der motivischen Achtelpause aus der vorherigen Gegenstimme des Alt und Tenor mit einer weiteren Neuerung: einer Überbindung vom fünften auf das sechste Achtel. Nach dem Glockenmotiv folgen motivische Akkordschläge, ehe in extremer Sopranlage das Stück nach dem Prinzip einer „Orgeltonetüde" endet: Ab Takt 110 werden dem tonikalen Orgelpunkt – allerdings auf dem Manual – verschiedene, sich vom Dissonanzgrad steigernde Akkorde zugeordnet, nämlich ein von der Struktur her dominantischer H-Dur-Terzquartakkord, in dem das a die kleine Septe darstellt, hierauf ein von der Struktur her dominantischer F-Dur-Sekundakkord, in dem das a die Terz ist, hin zu einem akustischen G-Dur-Septnonakkord, in dem das a die None darstellt. Diese Takte sind ein sehr schönes Beispiel für Duruflés „Farbwechselwirkungen", die noch dazu auf der Basis eines gemeinsamen, nämlich des tonikalen Grundtones, stehen. Das Stück endet mit zwei a-Moll-Akkordschlägen, einem kurzen und einem sehr lang auszuhaltenden.

1.6. Prélude à l'Introït de l'Epiphanie, op 13. von 1961

Das „*Prélude à l'Introït de l'Epiphanie*", op. 13 war, wie im biographischen Teil schon beschrieben, eine Auftragskomposition des Musikwissenschaftlers Norbert Dufourcq (1904-1990) für den Sammelband „Préludes à l'Introit" aus der Reihe „Orgue et Liturgie" (Nr. 48) bei der „Edition Schola Cantorum".

In seinem Vorwort beschreibt Dufourcq als Intention dieses Bandes, dass diese Introits ein „Glaubensbekenntnis an die Zukunft der (liturgischen) Orgel" sein sollen, da er in Vertretung der Vereinigung kirchlicher Organisten die Reduzierung des liturgischen Orgelspiels im liturgischen Rahmen und die Loslösung von der Gregorianik im Zuge des Zweiten Vatikanischen Konzils – was vom Konzilstext her natürlich nicht zu rechtfertigen, in der Praxis aber als aktuelles Problem nachvollziehbar ist – scharf kritisierte und diesen Tendenzen somit entgegenwirken wollte.

Im Band 48, in dem auch Duruflés Beitrag enthalten ist, befinden sich ausschließlich Kompositionen zeitgenössischer französischer Komponisten wie Olivier Alain, Michel Boulnois, André Fleury u.a.

Duruflés Komposition liegt die Antiphon des gregorianischen Introitus zum Hochfest der Erscheinung des Herrn („*In Epiphanias Domini*") zu Grunde, das in der katholischen Kirche am 6. Januar[123] gefeiert wird. Der Text des Introitusantiphon lautet: „*Ecce advenit dominator Dominus; er regnum in manu eius, et potestas, et imperium.*"[124] Zu deutsch: Seht, gekommen ist der Herrscher, der Herr. In seiner Hand ist die Macht und das Reich und die Herrschaft.

---

[123] Die Bezeichnung „Epiphaniesonntag" sogar noch in der zweiten „überarbeiteten" Auflage bei Jörg Abbing (a.a.O.) ist liturgisch völlig falsch!
[124] Graduale Triplex p. 56.

Antiphon des Introitus zum Hochfest der Erscheinung des Herrn[125]

In der Orgelkomposition Duruflés verschmelzen der Gregorianische Choral als Cantus firmus – hier aber nicht wie beim Requiem als Cantus planus[126] geführt – und eine polyphone Setzweise, die etwas in die Richtung des Beginns der „Carillon-Fuge" op. 12 geht.

Das Thema wird zuerst angedeutet, schimmert aus den feinfühligen Harmonien heraus und bereitet die Exposition des Chorals vor. Die formale Anlage des 53taktigen „Choralvorspiels", das an die Choralvorspiele von Bach erinnert und wirklich für die liturgische Praxis gedacht ist, lässt sich dabei wie folgt zusammenfassen:

Takt	Motivisch-thematische Arbeit	„harmonische Fläche"[127]
1-11	Vorspiel, bestehend aus a und a' mit Wiederholungen und Fortspinnung	a-hypodorisch
12-36	„Cantus firmus" ebenfalls mit Wiederholungs- und Fortspinnungsteilen	tonales Zentrum F / D
37-46	Reprise des Anfangs als identische Wiederholung (allerdings nur bis T. 10 wegen anderer Überleitung)	a-hypodorisch
47-53	Coda mit „versiegendem", sich wiederholendem Motiv	a-hypodorisch

---

[125] Graduale Triplex p. 56.
[126] I.e. in großen Notenwerten.
[127] Siehe eigenen Abschnitt zur Erläuterung.

Auch wenn die dargestellte Anlage den Schluss nahe legt, es handle sich hier um ein ritornellartiges Vorspiel mit eingefügtem und dabei begleitetem Cantus firmus, so wäre dies zu oberflächlich betrachtet, auch wenn die makroformale Struktur sicher als ABA'-Form zu benennen wäre. Denn zum einen ist der Cantus firmus, hier in Tenorlage, nicht – wie schon beschrieben – als begleiteter Cantus planus geführt, sondern in einer gregorianisch anmutenden Rhythmik, und zum anderen besteht das ganze Stück aus einer großen thematischen Entwicklung. Diese betrifft auch den Cantus firmus, so dass dieser nicht wörtlich zitiert, sondern angerissen, dann aber frei weitergeführt wird, ohne dass dadurch ein Bruch entstünde. Schon der Beginn des obligaten Cantus firmus weicht insofern von der Intervallik der gregorianischen Melodie ab, als er mit einer Quarte statt einer kleinen Terz beginnt.

Die drei Takte des Cantus firmus werden identisch wiederholt, wobei beim zweiten Mal am Schluss (T. 17) sich der harmonische Kontext in der „Begeleitung" ändert. Nach diesem Zitat des Beginns greift Duruflé die Passage „*dominator*" mit dem charakteristischen Quartsprung und den „Tonrepetitionen" – bei Duruflé auf eine reduziert – samt melodischer „Wellenbewegung", wie sie bei der für den zweiten Ton typischen Kadenzfloskel des posttonischen „Pressus minor resurpinus" mit folgendem „nicht kurrenten kadenzierenden Pes"[128] vorkommt und somit auch diese Passagen motivisch mit einbindet, auf und führt diese aber ebenfalls frei weiter, um sie dann mit einem zu Beginn durch einen aufwärts gerichteten Quintsprung erweitert ebenfalls zu wiederholen.

Vom folgenden Abschnitt „*et regnum*" bleibt nur noch das Quartinitium übrig und Duruflé entwickelt daraus (T. 22 ff.) eine authentisch gregorianisch wirkende Melodieführung, die ab T. 31 den T. 19 wiederaufgreift, und den Schluss – durch die Punktierung anders rhythmisiert – mit einer weiteren Sekunde abwärts zum „g" abschließt, um diese beiden Takte dann erneut zu wiederholen und zu einem Phrasenende abzurunden.

Der ab T. 47 wieder obligat einsetzende Cantus firmus bringt das Anfangsmotiv (T. 1 und 2) noch einmal und setzt daran einen freien dritten Takt. Daraufhin wiederholt Duruflé den zweiten zitierten und dritten neu weiterentwickelten Takt und führt die Melodie zu einem Abschluss, mit dem auch das Stück endet.

---

[128] Cf. die Neumengruppen unter Do-*mi-nus* und impe-*ri-um*.

Aber auch die Begleitung und ihr thematischer Bezug zum gregorianischen Original soll näher betrachtet werden. Duruflé umspielt die Melodie des Introitus mit einer expressiven Kontramelodie von unablässigen Strömen einer fließenden Achtelbewegung. Die ersten drei Takte stellen das thematische Kernmaterial des gesamten Stückes vor, und es lässt sich unschwer die Verwandtschaft zum gregorianischen Vorbild des Abschnittes „*Ecce advenit*" erkennen. Allerdings ändert Duruflé die Intervallfolge insofern, als er das zweite Intervall des Chorals – eine große Sekunde – in eine große Terz abändert und so durch den entstehenden gebrochenen Dreiklang, der zusammen mit seiner oberen thematischen Wechselnote f – bei Duruflé ein Halbton, während im Choral mit re-mi ein Ganzton! – auch als a-Moll mit „sixte ajoutée" gesehen werden kann, das harmonische Zentrum des Stückes festsetzt.

Diese drei Takte wiederholt Duruflé, um sie dann nach gregorianischem Duktus frei sich weiterentwickeln zu lassen und zeigt damit die motivisch-thematische Arbeit des ganzen, konsequent so weiterverfolgten Stückes auf. Erscheint nun der Tenor Cantus firmus, verliert die von Anfang an in komplementären Rhythmen geführte Begleitung nichts von ihrer Selbstständigkeit, sondern wird so weitergeführt. Dafür ist nicht nur ein Indiz, dass das Vorspiel ohnehin schon vier- bzw. ab dem Pedaleinsatz fünfstimmig ist – also nicht geringstimmiger, wobei sich dann der Cantus firmus im Tenor in die Vierstimmigkeit einfügt – sondern dass die beiden Oberstimmen, Sopran und Alt, in den vierstimmigen Cantus firmus-Durchführungsphasen mit der Tenorstimme korrespondieren, indem nicht nur der gemeinsame Gestus beibehalten wird, sondern beide Stimmen den Tenor auch imitieren. So T. 13 im Tenor und T. 14 im Sopran, T. 18 bis 19 im Sopran mit Takt 18 (zweite Takthälfte) bis 20 erste Takthälfte (quasi als eine Art Engführung), T. 20 letzte beide Achteln bis 22 im Tenor mit T. 22 im Alt, was wiederum eine Imitation von T. 20 und 21 im Sopran ist und T. 23 im Tenor wird darauf vom Alt im T. 24 imitiert. Takt 27 im Tenor wird im darauffolgenden Takt im Sopran mit umgekehrtem Anfangsintervall imitiert und ebenso bei der Wiederholung des Motivs im Tenor (T. 29) mit abgeändertem, diesmal diminuierten Anfangsintervall wieder einen Takt später im Sopran. So sind Cantus firmus und Begleitung nicht voneinander isoliert, sondern gleichberechtigte, satztechnisch nicht getrennte Stimmen. Eine Trennung und damit kleine Hierarchisierung findet allenfalls durch die Registrierung statt:

Der Komponist schreibt als Registrierung die Trompette 8′ auf dem Positiv[129] für den obligaten Cantus firmus vor, für die Begleitung in den Händen Principal 8′, Prestant 4′, Doublette 2′ und Fourniture auf dem Récit, also den vollen Prinzipalchor mit Klangkrone („Plein jeu") und im Pedal Soubasse 16′ und Flûtes 8′-4′.

Noch eine Bemerkung muss hier zur Tempovorzeichnung gemacht werden: Als Tempobezeichnung ist „*Allegretto*" angegeben und als Metronomangabe Viertel gleich 108, was gemäß den Angaben auf den heute üblichen Metronomen stimmen würde. Dennoch ist diese Vorzeichnung irreführend, wenn nicht gar falsch, da das Stück zum einen mit den beinahe taktweisen Taktwechseln, die stets als Zählerwert die Achtel beinhalten, so viertelweise gar nicht zu gliedern ist, und zum anderen durch den natürlichen rhythmischen Fluss des „singenden" Chorals, der in seiner Flexibilität wie auch in den „gregorianischen Motetten" oder den beiden Messkompositionen nicht nur durch eben diese Takt, sondern auch Pulswechsel, alternierend zwischen Zweier- und Dreiereinheiten, im Bezug auf das Tempo determiniert ist. Außerdem würde diese Grundlegung der Viertel den stetigen zu Grunde gelegten Achtelpuls nicht unterstützen. So steht dann auch als zusätzliche Angabe noch „*La croche égale toujours la croche*", was soviel bedeutet wie „Achtel bleibt Achtel". Hier wiederum wäre die Metronomangabe 108 M.M. für Achtel (sähe man die Viertelangabe als Druckfehler) dann wieder zu langsam, so dass diese Metronomangabe meines Erachtens zu vernachlässigen wäre.

Erwähnenswert in diesem kurzen Introitus ist auch auf jeden Fall die Harmonik: Den im Protus Plagalis stehenden Choral harmonisiert Duruflé als a-hypodorisch, wobei er sich durch Verwendung sowohl des „fis" als auch des „f" im Verlauf des Stückes als exquisiter Kenner des Gregorianischen Chorals zeigt. Denn die Sexte in dem Tonartenpaar des ersten Tones hatte schon immer diese beiden Möglichkeiten, entweder eine große Sexte (i.e. die sog. „dorische Sexte") auf Grund des natürlichen Tonvorrates der Achtstufigkeit des Gregorianischen Chorals[130] zu sein oder eine kleine Sexte. Diese Tiefalteration der „si"- zur „ta"- Stufe diente zur Vermeidung des Tritonus über dem „fa", was in der allerdings erst weit nach dem Abschluss des gregorianischen Repertoires entstandenen und

---

[129] N.B.: Druckfehler bei Abbing, der hier das Récit nennt!!
[130] Resultierend aus der Erweiterung der zur Diatonik führenden Übereinanderschichtung von 6 Quinten übereinander durch eine weitere; cf. hierzu Gárdonyi, Zsolt u. Nordhoff, Hubert: „Harmonik".

in seiner Hexachordlehre[131] begründeten Lehre Guido von Arezzos sich in den beiden Merksprüchen „una nota super la semper est canenda „fa"[132] und „mi contra fa-diabolus in musica"[133] manifestierten. Über diese beiden möglichen Sexten – mit allerdings der großen Sexte als der wohl ursprünglicheren – wird man sich noch heute in der Semiologie und der daraus resultierenden Gregorianikforschung bewusst, wenn es z.B. um die Restitution der Intonationscentonisationsfloskel wie beim Introitus „Rorate" für den 4. Adventssonntag oder „Gaudeamus" für das Fest der Hl. Agatha bzw. um die Adaption für das Fest Allerheiligen oder den Introitus „Suscepimus" für den Sonntag der vierzehnten Woche im Jahreskreis oder etwa die Kommune für ein Heiligenproprium geht. Zwar sind diese Beispiele alle im authentischen Ton, aber im plagalen Ton ist der Tonvorrat ja identisch, es differieren nur Ambitus um die identische Finalis und der Tenor.

Ansonsten tauchen weiter keine harmonischen Besonderheiten auf. Das Stück folgt den bisher schon aufgezeigten Kriterien der Kompositionsweise Duruflés, vielleicht in noch etwas zurückhaltenderer Weise als andere Stücke, da es wohl auch in dieser Hinsicht für „Laien-Organisten" als Bezieher der Sammlung „Orgue et Liturgie" konzipiert wurde. Zu nennen wären wohl noch der makroformale harmonische Aufbau, der mit einem Tonalitätszentrum um a als Finalis des a-hypodorisch beginnt, ab dem obligaten Cantus firmus-Einsatz im Takt 12 sich dann um ein F bzw. mit der Alteration dann ab Takt 17/18 in einem D-Kontext befindet, um zur Reprise im Takt 36 wiederum harmonisch in a-hypodorisch zu schließen. Dabei sind die Einzelstimmen stets linear in dem jeweiligen Modus selbständig geführt und ergeben harmonisch gelesen zusammen die bekannten „diatonisch-dissonanten" Akkordverbindungen von Vierklängen mit Mollbasis

---

[131] Unter Hexachord versteht man die vom Musiktheoretiker Guido von Arezzo (ca. 922-1050) festgelegte diatonische (also aus 5 Ganz- und 2 Halbtönen bestehende und durch Übereinanderschichtung von 6 Quinten in gleicher Richtung) Sextonskala mit den Tonschritten Ganzton-Ganzton-Halbton-Ganzton-Ganzton; die einzelnen Tonstufen wurden mit Hilfe der Solmisationssilben ut bis la benannt. Auf c, dem „hexachordum naturale", f, dem „hexachordum molle" und g, dem „hexachordum durum" und ihren Oktaven einsetzend umfassen sie geordnet den in der achtstufigen Gregorianik vorkommenden Tonraum.
[132] In der Wechselnotenbewegung um das „la" muss immer der Halbton gesungen werden – also „la"-„ta"; in der 0-Ebene ist das nach heutiger Terminologie „a"-„b".
[133] Wenn das „mi" des hexachordum naturale" – in der 0-Ebene heute das „e" – auf das „fa" des hexachordum durum trifft – in der 0-Ebene wäre das das „b" – entstünde ein Tritonus, der in der 0-Ebene, um beim Beispiel zu bleiben, durch Erhöhung des „fa" zum „fi", also des „b" zum „h" zu vermeiden ist.

und kleiner Septe (so z.B. T. 8, Schlag 1; T. 17, Schlag 1; T. 11, Schlag eins und v.a. der Schlussakkord des a-Moll-Septakkordes, der diesen Akkordtypus durch seine Endstellung spätestens hier zu einem nicht auflösungsbedürftigen Akkord definiert) und Septakkorde mit Durbasis und großer Septe (so z.B. T. 22, Schlag 1; T. 4, Schlag 1, T. 33, Schlag 1). Da ansonsten nur bereits dargestellte harmonische Spezifika vorkommen, möge diese kurze Darstellung genügen.

2. Zusammenfassung der formalen, harmonischen und ästhetischen Analyse

Aus den oben gesammelten Analyseergebnissen lässt sich zusammenfassend feststellen, dass Duruflés Musik von einer reizvollen harmonischen Vielfalt geprägt ist. Seine Kompositionen zeichnen sich durch stimmige Proportionen und Filigranität in der Gestaltung aus. Die Formen bleiben klassisch, werden aber stets mit neuen Gedanken angefüllt, ohne dass dadurch allerdings große Neuerungen entstünden. Sie sind im Allgemeinen über zwei Themen und deren ständige Entwicklung bis hin zur Synthese aufgebaut und zeigen sich so der Idee des Dualismus der Sonatenhauptsatzform verwandt.

Wie oben schon erwähnt, finden sich bei Duruflé keine zyklischen Sinfonien sondern „kleinere Formen". Wahrhaftigkeit im musikalischen Ausdruck fasziniert ebenso wie die Ausstrahlung eines sowohl in der Gregorianik – die selbst in den choralfreien Werken stets mitschwingt – als auch im spätromantisch-impressionistischen Musikgefühl fest verwurzelten Komponisten. Duruflé gehört zwar zeitlich betrachtet auf Grund seines Geburtsdatums der „jüngeren französischen Schule" an, aber nicht auf Grund seines Kompositionsstils. So betonte er stets, dass die Musik nicht im Effekt, sondern in der Form bestehe. Im Gegensatz zu den jüngeren Olivier Messiaen und Jehan Alain kümmert er sich aber auch nicht um verschiedene musikalische Neuerungen, seine Musik ist weitgehend von der Gregorianik inspiriert. So überschreitet er in seinen Werken nie die Grenze zwischen Tonalität und Atonalität, was ihm den oben schon erwähnten Vorwurf einer anachronistischen Schreibweise einbrachte. Diese Einstellung Duruflés liegt in der Skepsis vor den elektronischen, aleatorischen und experimentellen Mitteln der zeitgenössischen Musik begründet, verbunden mit einer Ablehnung der musikstilistischen Diffusität des 20. Jahrhunderts.[134] Duruflé bleibt der Tradition treu und sichert eine weitere Verbindung mit der Vergangenheit, indem er versucht, die neoklassizistische Orgel wiederherzustellen. Wie Messiaen oder Dupré gilt er aber auch zweifellos als Repräsentant der französischen Organistentradition, denn er steht in der symphonischen Tradition César Francks, Louis Viernes und Charles Tournemires. Sein Orgelwerk repräsentiert den Höhepunkt einer langen Entwicklung, die mit Lemmens (1823-1881) begann und von Widor über Tournemire und Vierne weiterverfolgt wurde.

Viernes Einfluss kann man bei Duruflé am disziplinierten Festhalten an Strukturen, dem Sinn für Form und Rahmen und einer formalen Geschlossenheit nachvollziehen. Hinzu kommt die Fähigkeit, große Themen voller Poesie und Zerbrechlichkeit zu schaffen und gleichzeitig, inspiriert durch die Romantik, in der expressiven Chromatik einen überzeugenden Ausdruck zu finden.

Auch die atmosphärische Tonmalerei Tournemires entspricht ganz seiner Spiel- und Wesensart, ebenso wie die Reichhaltigkeit der modernen und auch modalen Schreibweise, was ihm ermöglichte, die gregorianischen Melodien mit der Musiksprache seiner Epoche zu verbinden. Aber auch die kontrapunktische Arbeit und die Verehrung des Gregorianischen Chorals sind von diesem Lehrer auf Duruflé übergegangen.

In Duruflés Musik herrschen, wie in der von Paul Dukas, Ordnung und Klarheit. In den Orchesterwerken, die die Kenntnis des klassischen Orchesters verraten, kommt jeder Instrumentengruppe eine eigene Funktion zu, und dies wird auch in den Orgelwerken auf die Registrierung übertragen. Die Modi des traditionellen Cantus planus entfalten sich frei in charakteristischen melodischen Wendungen und rufen eine reiche und abwechslungsreiche Harmonik, wie sie auch in der Musik Faurés zu finden ist, hervor.

Somit vereint Duruflé als eigenständiger Komponist die Kunst Viernes und Tournemires, in die auch seine Studien bei Dukas und seine Vorliebe zur Musik Faurés eingeflossen sind. Darüber hinaus sind sie aber auch ein Beispiel dafür, dass Messiaens eigene modale Harmonik und hier speziell die alternierende

---

[134] Cf. Duruflés Artikel „Où allons-nous ?" in L'Orgue n° 145, 1973 und „Réflections sur la musique liturgique" in L'Orgue n° 174, 1981.

Achtstufigkeit schon „in der Luft gelegen haben" und von Messiaen nur systematisiert wurden.[135]

Das für mich Einzigartige an der liturgisch gebundenen Musik Duruflés ist die überzeugende und unbeschreiblich gelungene Synthese der eigentlich so unvereinbar anmutenden Klangwelten „Gregorianik" und „Impressionismus". Die Harmonik der Impressionisten nimmt Duruflé als Schlüssel für diese Synthese von Gregorianik und „Moderne". Komponisten wie Ravel oder Debussy gelang die Isolierung von Akkorden aus einem Kadenzgefüge und damit aus einem Auflösungszwang. Die Akkorde wurden statt nach ihrer Funktion vornehmlich nach ihrem Farbwert beurteilt und verwendet. Solch emanzipierte Klänge der Diatonik, wie Dreiklänge mit hinzugefügter Sexte, Durseptakkorde mit großer Sept, Mollseptakkorde mit kleiner Sept oder akustische Nonakkorde garantieren durch ihre funktionale Isolierung die analoge harmonische Ungebundenheit des Gregorianischen Chorals erheblich mehr als die traditionelle funktionale Harmonik aus der Zeit vor Debussy.

Auch die Übertragung der nur der Wortrhetorik gehorchenden Gregorianik in eine gleichmäßig durchgehende Pulsmetrik unseres Taktsystems und unserer Notenschrift zeugen von der Genialität des Künstlers Duruflé. Sein Œuvre weist ihn als kreative, ideenreiche und starke, konsequent stringente und perfektionistische Künstlerpersönlichkeit im Vollbesitz ihrer Meisterschaft und Geistigkeit aus.

3. Das Orgelwerk Duruflés unter technischen Aspekten samt einiger methodischer Ansätze für den Orgelunterricht

Die Orgelwerke Duruflés haben einen sehr hohen technischen Anspruch, sowohl was die Manual- als auch was die Pedaltechnik betrifft, und nicht zuletzt im Bezug auf die „Organisation" des Instrumentes. Dieser Begriff umfasst alle vom Spieler selbstständig auszuführenden technischen Manipulationen.

---

[135] Cf. hierzu Rößler, Almut: „Beiträge zur geistigen Welt Oliver Messiaens", Duisburg 1984.

3.1. Manualtechnik

Was die Manualtechnik betrifft, lassen sich folgende technische „Herausforderungen" aus der obigen Analyse zusammenfassen:

3.1.1. Das Spiel auf zwei Manualen gleichzeitig

An einigen Stellen erfordert die vom Komponisten vorgegebene Manualverteilung ein gleichzeitiges Spiel auf zwei Manualen. So findet sich im Takt 135 (und ff.) des „Préludes" aus dem Triptychon über „*Veni creator*" die Angabe, mit der linken Hand vom Positiv auf das Hauptwerk zu greifen, um währenddessen in die melodische Linie des Positivs eine melodisch-thematische Phrase klangdifferent auf dem Hauptwerk zu spielen. Dasselbe Phänomen findet sich am Ende der ersten Variation im dritten Teil des o.g. Werkes, wo mit der rechten Hand nicht nur die Schlussnote e^2 auf dem Récit, sondern auch das h^1 auf dem Positiv gegriffen werden muss. Weitere Beispiele hierfür finden sich bei der Reprise des Ritornells im „*Prélude à l'Introït de l'Epiphanie*" (Takt 36) und ab T. 20 f. der Sicilienne aus der „*Suite*", bei der die linke Hand während ihres Orgelpunktes „g" auf dem Récit die Sechzehntelfigur auf dem Positiv zu spielen hat (analog dazu T. 24 f.) sowie ebenso am Ende dieses Stückes (T. 110), wobei die rechte Hand vom Orgelpunkt „g" des Récit herabgreifen muss auf eine thematische Stelle auf dem Positiv, während die linke Hand auf dem Hauptwerk spielt. Meist gilt hier nur ein Fingersatz, der dann auch davon abhängt, ob von einem liegenden Ton auf einem unteren Manual auf ein oberes „gesprungen" werden muss oder umgekehrt. Auf Grund der Angaben Duruflés im Notentext wird aber ersichtlich, welche Hand jeweils zu wählen ist, um somit diese Stellen etwas zu „entschärfen".

3.1.2. Das Abgreifen von einer Hand in die „Melodiestimme" der anderen

Auf Grund der Komplexität der Werke Duruflés ist es zuweilen nötig, einige Noten einer eigenständig virtuos geführten Stimme mit der anderen Hand zu übernehmen. Die Gefahr hierbei ist, dass der eigenständige Fluss der melodischen Linie durch diese Aktion abreißt. Damit besteht die Schwierigkeit in der lückenlosen Weiterführung der einzelnen Stimmen. Als Beispiel für solche Stellen können die Takte 116 und 118 im Prélude aus op. 4, ebenso angeführt werden wie die Takte 136 ff. aus demselben Stück, die zur besseren Übersichtlichkeit dann auch mit Hilfe von vier Notenzeilen pro System notiert sind, sowie der Takt 54 aus der IV. Variation desselben Stückes, Takt 36 und Takt 67ff. in der Toccata der Suite und T. 69 des „*Prélude sur le nom d'ALAIN*". Ebenso muss man diese Technik bei den Akkorden im „Überleitungsrezitativ" des Préludes „*Veni Creator*" anwenden.

Hier ist es somit notwendig, auf die Beibehaltung der Eigenständigkeit der jeweiligen melodischen Linien zu achten, wozu ein passender Fingersatz Voraussetzung bleibt.

3.1.3. Das Übergreifen einer Hand über die andere

Eine Überspitzung der oben angegebenen technischen Schwierigkeiten durch ihre Kombination stellen die Takte 84 ff. im Adagio des „*Veni Creator*"-Zyklus dar: Hier muss die linke Hand jeweils innerhalb nur einer Achtelpause über die rechte gesetzt werden, während diese dann den Part der linken Hand zusätzlich zu übernehmen hat, bis diese nach dem kurzen Einwurf wieder zurückgeführt wird. Es gilt also, die beiden obigen Aspekte in ihrer Kombination zu beachten.

3.1.4. Schnelle Notengruppen in einer Hand bei gefesselten Fingern

Vor allem im „*Scherzo*" findet sich in der Endsteigerung die Forderung, schnelle Notenpassagen in einer Hand bei „gefesselten" Fingern derselben Hand zu spielen. Im Takt 300 ff. werden fünfter und vierter bzw. dritter Finger durch die übergebundenen Noten gefesselt, während zweiter (bzw. dritter) und erster Finger die Begleitfigur des Hauptthemas zu spielen haben. In der Toccata der „*Suite*" finden sich solche Stellen ebenfalls, so z.B. T. 58 ff., wo in der linken Hand abwechselnd vierter und fünfter Finger oder auch beide gleichzeitig gefesselt sind, während die übrigen die toccatenhaften Sechzehntelläufe zu spielen haben. Wichtig hierfür ist ein lockeres, nicht verkrampftes Handgelenk mit kontrollierten Einzelfingern. Als Vorübungen hierfür eigenen sich die entsprechenden Fesselübungen aus der Klavierschule „Greifen und Begreifen" von Anna Hirzel-Langenhan (Bärenreiter 3807) und die Übungen Nr. 10-16, 19 und 39 aus den 51 Übungen für Klavier von Johannes Brahms (Breitkopf 6016), durch die reibungsloses Umschalten der Finger bei gleichzeitigem Erwerb einer bestimmten nötigen Fingerkraft erreicht werden soll.

3.1.5. Schnelle Triller- und „Triolen-Wechselnoten-Figuren"

Wie die Analyse gezeigt hat, verwendet Duruflé sehr gerne Wechselnotenfiguren sowohl thematisch als auch in der Begleitung. In den sehr schnellen Tempi werden diese Figuren zunehmend trillerähnlich. Somit ist für sie dieselbe Technik wie bei Trillern vonnöten. Solche Figuren finden sich u.a. im „*Scherzo*" in der Begleitung des Hauptthemas, im Takt 13 der IV. Variation aus dem „*Veni Creator*" und v.a. in den Takten 10 f, 40 und 118 sowie in zahlreichen Passagen des „*Prélude sur le nom d'ALAIN*". Hierfür sind ebenfalls ein lockeres Handgelenk und starke, aber nicht verkrampfte Einzelfinger wichtig. Solche Passagen sollten langsam und auch in mehreren rhythmischen Varianten geübt werden. Weitere Etüden hierfür finden sich auch in den 51 Klavierübungen von Brahms, nämlich die Nr. 17 und 24, die alle das Korrektiv bzw. die metrische Hilfe einer durchlaufenden Achtel-Schwerpunktlinie haben.

3.1.6. Große Sprünge in den Händen

Im „*Scherzo*" müssen Mixturklänge über große Abstände in den Händen in der Staccato-Artikulation geführt werden, z.B. im Takt 161 ff. Wichtig hierfür ist eine Orientierung auf dem Manual, bedingt durch eine gut positionierte Sitzhaltung mit Lockerheit der Unterarme.

3.1.7. Legato-Artikulation als Grundartikulation

Als in der Tradition der französischen Schule stehender Komponist ist bei Duruflé die Grundartikulation das Legato. Hierbei löst jeder Ton seinen vorhergehenden nahtlos und bruchlos und ohne Einschnitt zwischen den Tönen ab. Erreicht werden kann dies durch den „*stummen Fingerwechsel*", bei dem auf einem gehaltenen Ton die Finger gewechselt werden. Dies ist auch möglich bei Akkorden, wobei der Fingerwechsel dabei nicht gleichzeitig, sondern nacheinander vorgenommen wird. Eine weitere Möglichkeit für ein strenges Legato ist das „*Glissando des Daumens*", bei dem die Tasten mit der Spitze des Daumens angeschlagen werden und dann die Daumenspitze durch das erste Daumenglied abgelöst wird. Als Beispiel einer Passage, die den „stummen Fingersatzwechsel" fordert, wären die Takte 46 ff. (rechte Hand) aus dem Prélude der „*Suite*" und die Takte 100 ff. aus dem „*Prélude sur le nom d'ALAIN*" zu nennen, ebenso die Coda des Préludes „*Veni Creator*", wo die vollgriffigen Begleitakkorde in der linken Hand mit Hilfe dieser Technik gebunden werden können. Als Stelle, die das „Glissando des Daumens" fordert, sei der Takt 35 aus dem Adagio des *Veni-*

Creator-Tryptichons genannt. Hilfreich für die Erlangung dieser Techniken sind die Etüden aus Marcel Duprés „Méthode d'Orgue" (Leduc). Zu der oben erwähnten Passage aus dem „*Prélude sur le nom d'ALAIN*" ist folgender Sachverhalt überliefert:

„*(...) Er (i.e. Duruflé) beharrte auf seinen Vorstellungen – auch, was die Technik betraf: In seinem „Prélude sur le nom d'Alain" forderte er ein perfektes Legato bei den Akkorden in der linken Hand. Das ließ sich nur durch extremes Daumenglissando so machen.*"[136]

Eine weitere technische Möglichkeit, die an vielen Stellen bei Duruflé gut eingesetzt werden kann, soll noch kurz Erwähnung finden. Es ist dies das Unter- bzw. Übersetzen der Außenfinger, wodurch bei gehaltenen Akkorden über größere Strecken auch eine strikte Legato-Artikulation erreicht werden kann. Dieses Prinzip kann im Unterricht anhand der 2. Etüde opus 16 von Chopin erklärt und geübt werden.

Beginn der zweiten Etüde op. 16 von Chopin[137]

3.1.8. Legato-Artikulation auch über Manualwechsel hinweg

Es finden sich auch Stellen, die das Legatospiel über Manualwechsel hin fordern, wie im „*Prélude sur le nom d' ALAIN*" T. 158 ff. Hier ist die Fähigkeit des schnellen Manualwechsels bzw. der Überbindung zwischen Manualen (cf. oben) gefordert.

---

[136] „Interview mit Prof. Günther Kaunzinger aus Anlass des 10. Todestages von Maurice Duruflé" in *musica sacra 116*/6 von 1996.
[137] Urtextausgabe Henle von 1983.

3.1.9. Das Spiel verschiedener Artikulationen zur gleichen Zeit

Eine weitere technische Anforderung ist das Spiel unterschiedlicher Artikulationen zur gleichen Zeit, wie im Hauptthema des *„Scherzo"* op. 2. Hier ist die rechte Hand mit Staccato zu artikulieren, während die linke im Legato geführt werden soll. Langsames und konzentriertes Üben von metrisch greifbaren Pausen in der Staccatostimme können hierbei helfen.

3.1.10. Polyrhythmik

Zuletzt ist noch die Polyrhythmik in den Manualstimmen (und auch in der Beteiligung Manual-Pedal) zu erwähnen. Im *„Scherzo"* Takt 248 ff. treffen in den beiden Händen ein duolischer und triolischer Rhythmus aufeinander, und im Takt 273 wird dies mit dem Pedal noch im zu rhythmischen Verhältnissen von 7:3:2 gesteigert. Auch im *„Prélude sur le nom d'ALAIN"* finden sich im Takt 44 ff. Vierteltriolen gegen Achteltriolen. Des Weiteren ist die ganze zweite Choralvariation des *„Veni Creator"* in der Polyrhythmik 3:2 gehalten. Auch der Takt 158 ff. der Toccata weist die pädagogisch nicht sehr glücklich bezeichneten Konfliktrhythmen durch das Zusammentreffen von Achteltriolen und Sechzehntelquartolen auf. Aus dem gleichen Stück wird im Takt 149 ein duolischer Akzentrhythmus in den Händen gegen einen triolischen im Pedal geführt. Diese Passagen müssen auf den kleinsten gemeinsamen Nenner zerlegt und so, vom langsamen bis zum schnellen Tempo gesteigert, geübt werden. Am Beispiel der Temporelation 7:3:2 sähe das wie folgt aus:

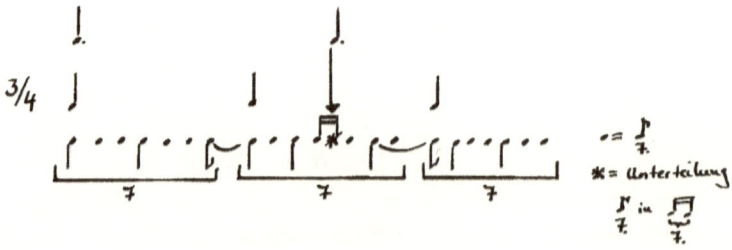

Rhythmische Relation 7:3:2

Weitere polyrhythmische Etüden finden sich in den 51 Etüden von Brahms (z.B. Nr. 1)[138].

Generell ist stets bei allen manualtechnischen Schwierigkeiten zu beachten, dass die unbeschäftigten Finger leicht auf den Tasten und die Hände völlig elastisch auf der Klaviatur liegen sollen, die Finger an der Wurzel leicht gewölbt sind und das Handgelenk die Höhe des ersten Fingergliedes einhält, so dass der Finger, wird er gehoben, immer die gerade Linie fortsetzt, die vom Handgelenk zu den Wurzeln des Fingers führt.

3.2. Pedaltechnik

Wie schon die Manualtechnik, so ist auch die Pedaltechnik sehr anspruchsvoll. Prinzipiell ist stets darauf zu achten, dass der Schüler eine passende Rumpfposition als flexiblen festen Angelpunkt für eine radiale Drehbewegung der Beine beim Erreichen der extremen Bass- und Diskantlage des Pedals (auch mit den Fersen) ohne vermeidbaren Bewegungsaufwand (Verrutschen) des ganzen Körpers findet. Damit soll ein völlig entspanntes Gleichgewicht im Zusammenspiel der Gliedmaßen als unabdingbare Voraussetzung für eine gut ausbalancierte Koordination von Manual- und Pedaltechnik erreicht werden. Des Weiteren ist ein zentriertes Sitzen auf der Orgelbank mit gerader Wirbelsäule wichtig zur Erhöhung der Konzentration und Aufmerksamkeit (sowie zur Vermeidung orthopädischer Spätfolgen) bei bequemem Erreichen des am weitesten entfernten Manuals (Récit) durch Einrichtung von Höhe der Orgelbank und Abstand zur Klaviatur. Die optimale Sitzposition kann anhand trockener Manualwechsel überprüft werden.

3.2.1. Selbstständige Schwellerbetätigung trotz kompliziertem Pedalsatz

Hier bedarf es eines genau ausgearbeiteten Fußsatzes von Anfang an. Daher gehört die Überlegung, wo und wie der Schweller zu betätigen ist, zu den Prädispositionen vor Beginn des Übens. Es hilft nicht, diesen Aspekt erst nach dem Erlernen der motorischen Abläufe der Passage zu beachten, sondern er ist gleichrangig bzw. legt einen bestimmten (meist auch einzig möglichen) Fußsatz fest. Hilfreich ist hier sicherlich, sich genau zu vermerken, wo und wie lange welcher Fuß auf dem Schweller bleibt und dies in den Notentext wie eine „Fuß-

---

[138] Z.B. Ausgabe UT 50231.

applikatur für den Schweller" einzutragen, um eine Kontinuität und Konsequenz beim Üben zu erreichen.

Im Takt 31 des „Scherzo" und ebenso im Takt 139 steht der linke Fuß auf dem Schwelltritt, da der rechte das c^1 zu spielen hat. Dagegen muss in den Takten 221 ff. desselben Stückes sukzessiv und auch abwechselnd der Balaciertritt betätigt werden, erst mit dem linken, dann mit dem rechten Fuß. Eine explizite Stelle für das sukzessive und zwischen beiden Füßen alternierende Schwellen sind die Takte 291 bis 300, in denen somit die Schwellerbetätigung zu einer eigenständigen Pedaltechnik wird. Dasselbe gilt ab Takt 11 im Adagio des „Veni Creator".

Eine weitere anspruchsvolle Stelle ist der Takt 139 im „Prélude sur le nom d'ALAIN", bei der zum Doppelpedalspiel noch der Tritt betätigt werden muss. Hier ist der Absatz des rechten Fußes auf das f^0 zu legen und der Schweller mit der Spitze des gleichen Fußes zu schließen, was jedoch nur auf Instrumenten mit entsprechenden Spieltischanlagen möglich ist.

3.2.2. Doppelpedal

Überhaupt finden sich bei Duruflé einige Passagen, die das Doppelpedalspiel fordern. Hinzu kommt dabei die Artikulation im Legato, was bei den großen Intervallsprüngen eine flexible Pedaltechnik erfordert. Dies ist der Fall u.a. bei den Takten 42 ff. in der *Sicilienne* der *Suite*, im Schluss des *Scherzo* op. 2, bei den Takten 40 ff. im Adagio des „Veni Creator" und den Takten 126 ff. im *Prélude* des „Veni Creator". In diesem Stück kommt in Takt 128 noch das Legatospiel bei sehr großen Intervallen (Terz und Quarte) in einem Fuß (hier dem rechten) hinzu. Ab dem Takt 42 der Sicilienne aus der Suite wird ohnehin das Pedal in zwei eigenständigen Stimmen geführt und somit der Satz zu einem fünfstimmigen erweitert.

3.2.3. Legatoartikulation im Pedal trotz großer Intervalle

Die Legatoartikulation in einem Fuß bei größeren Intervallen findet sich noch im „Scherzo" Takt 139 im rechten Fuß (Quartintervall) und im Adagio des „Veni creator" in Takt 7 im linken Fuß (ebenfalls Quartsprung).

III. DAS ORGELWERK DURUFLÉS IM ORGELUNTERRICHT

Das Orgelwerk Duruflés ist meines Erachtens ein unablässiger Bestandteil des Orgelunterrichtes. Durch die Erarbeitung dieser Stücke erlernt der Schüler eine „selbstständige Organisation des Instruments", die sich in der selbstständigen Betätigung des Schwelltrittes ebenso zeigt wie im Registrieren und der Manualverteilung.

Der Schüler kann aus den choralgebundenen Werken viele Anregungen auch im Rahmen eines den Literaturunterricht mit dem Liturgischen Orgelspiel verbindenden Unterrichtes ziehen, um einer unserem heutigen Verständnis nach rhythmisch und harmonisch adäquaten Begleitung des Gregorianischen Chorals mit der Orgel nahe zu kommen.

Ihm wird zudem eine Möglichkeit aufgezeigt, den Choral in bestimmte Formen einzubinden[139]. Er erlernt in diesem Zusammenhang aber auch in der harmonischen Analyse der choralungebundenen Werke den Umgang mit der erweiterten Tonalität, beginnend mit der Variantentechnik über die Akkorderweiterung und Akustische Tonalität bis hin zur impressionistisch typischen Distanzharmonik.

Des Weiteren kann der Orgelschüler auf Grund der oben genannten „formalen Reinheit" der Orgelwerke Duruflés in diesem Formenbewusstsein geschult werden und eine motivische Arbeit erlernen, durch die aus einem Motiv ein ganzes in sich geschlossenes Stück wächst. Aber auch die kompositorische Idee, an traditionelle Formen und Formentwicklungen wie z.B. der Fuge anzuknüpfen, daraus dann etwas Neues, aber Berechtigtes zu kreieren, kann der Schüler anhand der Orgelliteratur Duruflés lernen.

Neben diesen rein auf das praktische Orgelspiel bezogenen Aspekten können die tradierten Artikel Duruflés über seine liturgischen, musikalischen und orgelbautechnischen Vorstellungen eine Diskussionsgrundlage für den heranreifenden Kirchenmusiker darstellen.

Auf Grund der zahlreichen biographischen Fakten und der detaillierten Angaben in Notentexten sowie der authentischen Tonträgereinspielungen (diskographi-

---

[139] Cf. obige formal-harmonische Analyse der choralgebundenen Werke Duruflés.

sche Fakten[140]) kann der Schüler auch zu einer selbstständig erarbeiteten, annähernd authentischen Interpretation der Orgelwerke geführt werden und seine technischen Fertigkeiten anhand hochwertigster Musik weiterentwickeln.

Somit gehören die Orgelwerke Duruflés zur Standardliteratur für einen allerdings technisch schon fortgeschrittenen Orgelschüler.

---

[140] Cf. hierzu die Aussage von Marie-Madeleine Duruflé im ORGAN-Interview (organ 2/99):
„Aber all diese Worte und Erklärungen sind kein Ersatz dafür, sich die Aufnahmen seiner Werke anzuhören, so wie sie von ihm, und wenn Sie gestatten, von mir selbst eingespielt wurden, ich hätte ohnehin meine Interpretationen seiner Werke nicht herausbringen lassen können, wenn er nicht einverstanden gewesen wäre."

IV. ANHANG

In diesem Anhang sollen übersetzt die „Memoires" Duruflés über seine Lehrer angefügt werden zur Ergänzung des Gesamtbildes über ihn und als weitere, anders nicht mehr greifbare Materialquelle für das Verständnis des Komponisten Duruflé im Orgelunterricht:

Maurice Duruflé

Meine Erinnerungen an Tournemire und Vierne

In: „L ' ORGUE" No. 162 „MES SOUVENIRS SUR TOURNEMIRE ET VIERNE"[141]

Man schrieb das Jahr 1919, als ich durch Maurice Emmanuel (einen damals berühmten Professor für Musikgeschichte am Conservatoire, der nahe meiner Geburtsstadt Louviers ein großes Gut bewohnte) Charles Tournemire vorgestellt wurde, der fast jeden Sommer auf diesem Gut verbrachte.
Eines Tages hatte mein Vater, ein Architekt, beruflich dort zu tun und nahm mich mit. Unsere Unterhaltung kreiste schon bald um die Musik, denn zu der Zeit war ich Organist an Notre-Dame in Louviers, wo eine ausgezeichnete, von John Abbey erbaute Orgel mit 45 Registern zu meiner Verfügung stand. Maurice Emmanuel bat mich, Bachs Praeludium und Fuge in a-Moll zu spielen. Nachdem er mich gehört hatte, empfahl er mir, nach Paris zu gehen und mich dort auf die Aufnahmeprüfung am Conservatoire vorbereiten zu lassen. Kurze Zeit später vermittelte er mir einen ersten Kontakt mit seinem Freund Tournemire, der zu dieser Zeit bereits Organist an Sainte-Clotilde war. Zweimal wöchentlich pendelte ich nun zwischen Louviers und Paris, eine anstrengende Reise zu jener Zeit.
Als ich zum erstenmal Tournemire gegenüberstand, war ich sehr beeindruckt von der persönlichen Ausstrahlung dieses Mannes. Obwohl er in Bordeaux geboren war, hatte er die impulsiven Charakteristika des mediterranen Menschenschlages. Zudem trug er einen mittellangen Bart, der ihm gut zu Gesichte stand und seine ziemlich scharfen Gesichtszüge milderte. Eines Tages rasierte er ihn ab. Ich habe das stets bedauert, denn dieser Bart hatte ihm ein romantisches, irgendwie poetisches Profil gegeben.

---

[141] Zitiert nach Hielscher, Hans Uwe (Hg.) „Französische Orgelkunst der Spätromantik", S. 28-34, mit freundlicher Genehmigung von Herrn Hielscher.

Tournemire, dieser geistreiche, witzige und gutmütige Mann, hatte ein überschwengliches, aber auch reizbares Temperament. Seine Launen konnten aus völliger Ruhe in jähen Zorn umschlagen, was mich anfangs sehr einschüchterte! Dennoch schlossen seine Unterrichtsstunden immer in vertrauensvoller und friedfertiger Atmosphäre.
Ziel unseres Unterrichts war zunächst, mich auf den Eintritt in die Orgelklasse des Conservatoires vorzubereiten; so war sein ganzer Unterricht darauf ausgerichtet: Begleitung des gregorianischen Gesangs, gefolgt zumeist von einer kurzen Improvisation über ein gregorianisches Thema, dann eine Improvisation im strengen Fugenstil, eine weitere über ein gegebenes Thema in klassischer Sonatenform und schließlich ein vorbereitetes Literaturstück. Der vorbereitete Teil ging zumeist ohne Schwierigkeiten vonstatten, aber wenn wir zur Improvisation übergingen, brach sein Temperament durch, und ich zog meist den kürzeren. Sein geradezu überschäumendes Temperament kannte keine Geduld, er war ein außerordentlich genialer Improvisator, allerdings mit weniger pädagogischem Geschick – all das führte meist zu folgendem Ergebnis: Nach ein paar Takten meines Improvisierens schob er mich beiseite und nahm meinen Platz ein. Ganze 20 Minuten lang versank er dann (unter Verwendung desselben Themas, das er mir gegeben hatte) in einer jener großartigen Improvisationen, deren unergründliche Geheimnisse nur er allein beherrschte. Die Form war dabei unerheblich, die musikalischen Ideen strömten ihm unaufhörlich aus der Tiefe seiner Seele. Es war unbeschreiblich, und ich war fasziniert. Wenn er beendet hatte, sagte er: „Mein lieber Freund, nun nehmen Sie wieder Platz und versuchen es noch einmal!" Es ist müßig, über das Ergebnis zu sprechen. Dennoch: In den 20 Minuten seines Improvisierens, die voller harmonischer Wunder und Überraschungen waren, stand ich so überwältigt neben ihm, daß mich diese Musik noch lange nach dem Unterricht verfolgte.
Trotz meines ängstlichen Respekts war ich schon bald überzeugt von dem außergewöhnlichen Können dieses Mannes und seiner musikalischen Sprache.
Eher ruhig verlief jener Teil der Stunde, der mehr der Fugenimprovisation gewidmet war: Tournemire war eigentlich kein Typ für diese schulmeisterlichen Aufgaben. Seine eigenen Fugenimprovisationen waren sehr frei gestaltet, vom musikalischen Gehalt aber dennoch sehr beeindruckend.
Meine Aufenthalte in Paris wurden notgedrungen immer häufiger. Um mich auf die Aufnahmeprüfung der Orgelklasse im Oktober vorzubereiten, spürte ich, daß aber außer meinem täglichen Üben mehr erforderlich war: Ich mußte die wichtigsten Organisten in Paris, aber auch die dortigen Orchester hören. Jeden Sonntagmorgen eilte ich nach Sainte-Clotilde, um meinen Lehrmeister improvisieren zu hören. Ich stieg zur Orgelempore hoch, die jedes Mal voller Freunde und Bewunderer Tournemires war. Hochamt war um 9.30 Uhr, mit freier Orgelmusik an den üblichen Stellen; um 11 Uhr war die eigentliche „Orgelmesse", zu der Tournemires Freunde besonders gern zu kommen pflegten. Sie blieben bis zur allerletzten Note des Postludiums in der Kirche. Tournemire spielte in den Sonntagsmessen nie Literaturstücke, sondern stets Improvisationen. Immer

stand das Buch mit den gregorianischen Gesängen auf dem Notenpult, geöffnet für den liturgischen Ablauf des jeweiligen Sonntags. Die Orgel schwieg nur während der Lesung und der Predigt, das bedeutete mehr als eine halbe Stunde reiner Orgelmusik! Ich muß jedoch hinzufügen, daß diese Musik ausschließlich auf den liturgischen Themen der Messe basierte und den speziellen inhaltlichen Charakter des entsprechenden Sonntags aufnahm. Es war kein Konzert, sondern ein wahrhaftiger musikalischer „Kommentar" der Liturgie bzw. des „de-tempore"-Inhalts des Gottesdienstes.
Tournemire hatte natürlich in der wundervollen Cavaillé-Coll-Orgel von Sainte-Clotilde ein ideales Instrument, das ihm jeden Wunsch erfüllte und all seinen Vorstellungen entsprach: Voller klangmalerischer Poesie, dann wieder leidenschaftlich, launisch, aufwühlend, wild, schließlich friedevoll, demütig, mystisch. Entrückt durch die Musik, die unter seinen Fingern das mächtige Kirchenschiff erfüllte, verlor er oft die Kontrolle über seine Bewegungen, er war in einer anderen Welt: Während er auf dem Schwellwerk spielte, schloß er beim Schließen des Schwellers auch seine Augen. Bei einem Crescendo dagegen wurde er auch äußerlich immer unruhiger, was durch seine Gesichtszüge, besonders bei Disharmonien, noch unterstrichen wurde. Wenn dann schließlich mit Donnergewalt das Tutti einsetzte und das Thema in Pedaloktaven erklang, dann stand er plötzlich zum Erstaunen seiner Gäste taktelang auf den Pedaltasten, alles unter währendem spielerischen Gewoge in den Manualen! Selten beendete er eine Improvisation mit dem vollen Werk, sondern bevorzugte grundsätzlich leise, weit „entrückte" Schlüsse.
(Eine Anekdote erzählt, daß Tournemire eines Sonntags sein Nachspiel sehr leise, nur mit einem Bourdon auf dem Schwellwerk, beendete. Einem seiner Gäste auf der Orgelempore schien dies merkwürdig, und er flüsterte ihm „hilfreich" ins Ohr: „Maitre, c'est la sortie!" Der Meister blickte ihn still lächelnd an und erwiderte: „Oui, mon cher, sortez!")
Anfang 1920 bat mich Tournemire, ihn bei den Gottesdiensten in Sainte-Clotilde regelmäßig zu vertreten, so daß er sich mehr dem Komponieren widmen könnte; zu der Zeit arbeitete er bereits an „L'Orgue Mystique" (1).
Für diese Vertretungsdienste wurde ich fürstlich entlohnt, denn zu jener Zeit gehörten zumeist die vermögenden Bürger des Boulevard St-Germain und des 7. Arrondissements zur Pfarrgemeinde Sainte-Clotilde.
Es war für mich nicht nur Privileg, sondern natürlich eine sehr große Freude, die großartige Orgel von Sainte-Clotilde zu spielen – eine Cavaillé-Coll-Orgel, die seit ihrer Erbauungszeit kaum verändert worden war. An keiner anderen Orgel zuvor war mir aufgefallen, welche Aufrichtigkeit der Gefühle und des Ausdrucks beim Spiel der Orgelwerke Francks hier vorausgesetzt waren; nirgends anders habe ich je diese perfekte Verbindung zwischen dem Klang dieser Register und der Komposition gespürt, Francks Werke wurden hier wahrhaftig zum Leben erweckt.
Das Spiel Bachscher Polyphonie ist wegen ihrer glänzenden Kontrapunkte, der architektonischen Größe und der stilistischen Strenge bei richtiger Registrierung

auf vielen Orgeln darstellbar. Francks Orgelkompositionen stellen jedoch durch ihre vordergründig harmonischen und melodischen Elemente eine andere Situation dar. In Bachs Werk zieht vorrangig ein intellektuelles Element, die Perfektion seiner polyphonen Schreibweise, die Aufmerksamkeit des Zuhörers auf sich. Bach, der keinerlei Einzeichnungen in seinen Noten über die Interpretation und Registrierung machte, scheint doch der Wahl der Klangfarben einige Freiheit einzuräumen (2); auch bearbeitete er selbst einige seiner Werke (u.a. Orgelkompositionen für Violine, für Cembalo, oder Kantatensätze) für Orgel. Die sechs Schübler-Choräle sind dafür ein Beispiel, ebenso die Fuge in d-moll (aus einer Sonate für Solovioline), die Sinfonia aus Kantate 146 sowie die vier Concerti von Vivaldi (original für Violine und Orchester).

Bei César Franck dominiert dagegen die melodische Linie, wie man es vielfach bei Komponisten des 19. Jahrhunderts beobachten kann. Francks Orgelwerke sind nur auf der Orgel darstellbar, und nur mit der Registrierung, die der Komponist vorschreibt. Es ist unmöglich, sie für ein anderes Instrument zu transkribieren, ohne dabei ihren Charakter zu verändern. Ihre Ausdrucksstärke ist vor allem abhängig von der Klangfarbe, der Qualität der romantischen Register und von der Wirksamkeit des Schwellwerkes. Sind diese Voraussetzungen nicht gegeben, verliert Francks Orgelmusik viel von ihrer eigentlichen Substanz, mehr noch: Sie wirkt uninteressant, was doch sehr bedenklich ist.

Viele Organisten stehen aus diesen Gründen den Orgelwerken Francks deshalb gleichgültig gegenüber oder lehnen sie ab. Aber welch unendliche Lebendigkeit steckt in diesen Stücken, die man nie zweimal in derselben Weise spielt! In der Tat erfordern sie, ähnlich wie bei Chopin, einen einfühlsamen Spieler mit ständiger Kontrolle über seine sensiblen Spielleidenschaften, die neben den Besonderheiten des jeweiligen Instruments und den akustischen Verhältnissen des Raumes noch als etwas Unberechenbares und ständig Wechselndes hinzukommen. Und noch eines ist unumgänglich: Der Spieler muß von Anbeginn an Francks Musik lieben, an sie glauben.

Sicher gehören die drei „Choräle", die „Fantasie in A" (3) und das „Prière" zum Wertvollsten, was Franck für die Orgel schuf. Aber es wäre nicht richtig, einzelne Werke einer bestimmten Schaffensperiode gegen die übrigen auszuspielen.

Tournemire interpretierte Francks Orgelmusik unvergleichlich. Er genoß das Privileg, so erzählte er mir einmal, die drei „Choräle" erstmals gemeinsam mit Franck am Klavier in dessen Haus gespielt zu haben; Franck spielte den Manual-, Tournemire den Pedalpart.

Wer jemals zu den Glücklichen gehörte, Francks Werke an der Cavaillé-Coll-Orgel in Sainte-Clotilde zu spielen, wird diese Momente nie vergessen: Gab es einen schöneren, authentischen Klang für das Adagio des dritten „Chorals" oder die erste Variation des ersten „Chorals", als die unvergleichliche Trompette harmonique des Schwellwerks? Konnte man den einfachen und weichen Ausdruck des „Prélude, Fugue et Variation" oder den Charme der „Pastorale" werkgetreuer darstellen, als mit der zarten Hautbois des Schwellwerks? Gab es einen idealeren Wohlklang, um einen musikalischen Gedanken, der gerade für diese

Orgel konzipiert war, zum Leben zu erwecken, als das Plenum des Schwellwerks? Die Disposition dieses Schwellwerks war auf zehn Register begrenzt, die aber außergewöhnlich ausgewogen abgestimmt waren:
Bourdon 8`, Flûte traversière 8`, Gambe 8`, Voix céleste 8`, Flûte octaviante 4`, Octavin 2`,
Trompette harmonique 8`, Hautbois 8`, Voix humaine 8`, Clairon 4`. (4)
Die Qualität dieses Schwellwerks war bewundernswert. Zweifellos trugen dazu auch einige technische Besonderheiten bei: Die Größe des Schwellkastens, die Wirksamkeit der Schwelltüren, die Stellung des ganzen Werkes ganz hinten im Hauptgehäuse der Orgel, der große Freiraum um den Schwellkasten nach allen Seiten hin (der dem Schwellwerk eine ausgezeichnete Resonanzmöglichkeit gab), die Akustik der Kirche und vor allem das Genie des Orgelbauers.
All das machte das Schwellwerk von Sainte-Clotilde zu einem wahren Klangwunder. Hinzu kam die Schönheit der 16`- und 8`-Grundstimmen der anderen Manuale. Wenn man diese Stimmen mit dem Tutti des Schwellwerkes kombinierte (eine von Franck oft gegebene Registrieranweisung), gewann der Klang des Schwellwerkes ganz erstaunlich an Größe. Aufgrund der exzellenten Beschaffenheit der Schwelltüren drang dabei der Klang des Schwellwerkes manchmal in den Vordergrund oder aber ebbte ab, und es dominierten die Grundstimmen der anderen Manuale. Damit verstand es Tournemire, ganz außergewöhnliche und eindrucksvolle Effekte zu erzielen, die in Sainte-Clotilde einzigartig erklangen.
Wann immer Tournemire seinen rechten Fuß nicht für das Pedalspiel brauchte, platzierte er ihn auf dem Schwelltritt, jederzeit bereit, damit die Höhenflüge seines aufregenden Temperamentes in Szene zu setzen. Die glücklichen Zuhörer, die Zeugen dieser Improvisationen waren, werden die bewegenden Augenblicke, die sie ihm verdankten, nie vergessen. (5)
1920 widmete sich Tournemire sehr dem Komponieren. Eines Tages sagte er zu mir: „Mein lieber Freund, ich habe Sie nun ein Jahr lang unterrichtet und denke Sie sind nun bereit für die Aufnahmeprüfung am Conservatoire." Diese Worte versetzten mich in Schrecken. Sicherlich, im Laufe dieses Jahres hatte sich mein Verhältnis zu diesem faszinierenden Musiker sehr vertieft, dennoch fühlte ich mich keineswegs restlos vorbereitet für die Aufnahmeprüfung. Deshalb bemühte ich mich um eine Verbindung zu Louis Vierne, den ich ebenfalls sehr verehrte und von dem ich wußte, wie erfolgreich er schon zahlreiche Kandidaten auf die Zulassung zum Conservatoire vorbereitet hatte.
Ich ging also in die Rue St-Ferdinand 37, wo Vierne ein kleines Appartement bewohnte. Im Salon, in dem mich Vierne empfing, standen nebeneinander ein hervorragender Flügel und eine furchtbare, elektrifizierte, zweimanualige Convers-Orgel.
Mit großer Freundlichkeit und ungewöhnlicher Warmherzigkeit trat mir Vierne gegenüber, ich war tief bewegt von seinen ansehnlichen Gesichtszügen, denen seine Blindheit Zeugnisse eines intensiven, introvertierten Lebens gaben. Seine etwas geöffneten Augen schauten von Zeit zu Zeit himmelwärts, als suchten sie

dort nach Licht. Vierne erklärte sich zum Unterricht bereit, mir fiel ein Stein vom Herzen! Sein Unterrichten unterschied sich völlig von dem Tournimeres, ebenso wie sein Temperament. Meinte man bei Tournemire, einen Vulkan kurz vor dem Ausbruch vor sich zu haben, vermittelte Vierne das Gefühl vollständiger Ruhe. Er war Tag für Tag in gleich guter Verfassung, jedenfalls schien es so, und das wirkte sehr beruhigend auf mich. Louis Vierne war wie Tournemire Schüler von César Franck gewesen, aber er war ein mehr rationaler Typ. So war denn auch Viernes Verhältnis zur Fugenimprovisation wesentlich strenger. Die Gegenthemen mußten vorher sehr genau durchdacht sein und dann so gespielt werden, als wären sie notiert. Auch die Zwischenspiele sollten polyphon sein, tonale Beantwortungen hatten logisch zu sein, kurzum: Man lernte all jene Elemente, die erforderlich waren, um schon bald auf eigenen Füßen zu stehen. In der freien Improvisation verlangte er Disziplin in der thematischen Entwicklung wie auch in Aufbau und Länge.

Vierne selbst spielte all das in vollständig beherrschter Technik, ein echter Schüler Widors, der ja die französische Schule des Orgelspiels im 19. Jahrhundert begründet hatte.

Trotz der fundamentalen Unterschiede im Wesen Tournemires und Viernes als Menschen und als Musiker, werde ich niemals das vergessen, was ich bei meinem verehrten Meister Charles Tournemire lernte.

Im Oktober 1920 bestand ich die Aufnahmeprüfung für die Orgelklasse am Conservatoire und wurde nun aufgenommen.

Derzeitiger Orgellehrer war dort Eugène Gigout. Was soll man über seinen Orgelunterricht sagen? Er war fast ausschließlich auf das Fugenstudium ausgerichtet. Wir lernten nur wenige neue Stücke, ausnahmslos Bach. In der Improvisation spielten wir über gegebene Themen in klassischer Sonaten-Satzform, erster und dritter Teil meist ein Andante, mit etwas lebhafterer Entwicklung des Themas.

Ich setzte deshalb meinen Privatunterricht bei Vierne während der beiden Jahre am Conservatoire fort. Am Ende des ersten Jahres erhielt ich einen „Premier Accessit", am Ende des zweiten Jahres dann einen „Premier Prix".

Der Direktor des Conservatoires war zu der Zeit Henri Rabaud, ein geachteter, vornehmer Herr, der von Studenten und Professoren geliebt wurde.

Ich erinnere mich an einen Orgelwettbewerb, bei dem ich als Zuhörer zugegen war. Ein Student des ersten Semesters hatte gerade begonnen, eine Fuge zu improvisieren und spielte gleich zu Beginn aus Nervosität zwei Quintparallelen. Daraufhin schrie Tournemire, der Jurymitglied war, plötzlich so laut auf, daß ihn Rabaud höflich zur Ordnung rufen mußte: „Hören Sie auf, Tournemire, beruhigen Sie sich doch!" Man kann sich unschwer den Schock vorstellen, den der arme Schüler erlitten haben muß.

1927 bat mich Vierne, ihn gelegentlich in den Gottesdiensten in Notre-Dame zu vertreten, denn sein desolater Gesundheitszustand erforderte Ruhepausen. Aus diesem Grunde konnte ich nun aber auch Tournemire nicht mehr in Sainte-Clotilde vertreten. Dieser Entschluß wurde mir aber dadurch erleichtert, daß

mein Freund Daniel-Lesur, ebenfalls Schüler von Tournemire, meine Pflichten in Sainte-Clotilde übernahm.
Das Spiel an der großartigen Orgel in Notre-Dame begeisterte mich natürlich sehr, obschon sich dieses Instrument wesentlich von dem in Sainte-Clotilde unterschied. Als ich zum erstenmal Kontakt mit diesem monumentalen Orgelwerk hatte, spürte ich so etwas wie Furcht vor der außergewöhnlichen Kraft dieses Klanges. Der Spieltisch war vollständig vom Gehäuse abgerückt, wovon der Spieler sehr profitierte und was zweifellos ein Unterschied zu den meisten französischen Orgel war. Normalerweise sitzt er am Spieltisch direkt am Gehäuse, mit dem Positiv im Rücken – eine unglückliche Anordnung, um das ganze Instrument zu hören. In Notre-Dame fand man den Spieltisch auf einem erhöhten Podium in der Mitte einer geräumigen Empore, mit dem enormen Kirchenschiff der Kathedrale vor seinen Augen. Der Organist fühlt sich wie der Kapitän auf der Brücke seines Schiffes, mit dem grenzenlosen Blick nach unten, ein absolut berauschendes Erlebnis. Man hat die Vorstellung, als ob irgendjemand anders spielt, weil man sich gleichzeitig als Spieler und Hörer fühlt. (Diese erfreuliche Illusion wird leider jäh unterbrochen, wenn man bei nur einer falschen Note gewahr wird, daß man selbst spielt!)
Diese Art der Spieltischanordnung ist von großem Wert für Organisten, die in großen Kirchen spielen, denn sie erlaubt, die Anschlagsart den besonderen akustischen Verhältnissen in großen Räumen genau anzupassen. Weil nun das Positiv keine Barriere mehr bildet, um den Klang der gesamten Orgel in den richtigen Relationen zu hören, kann der Spieler nun nicht nur den unmittelbaren Pfeifenklang, sondern auch dessen Resonanz im Kirchenschiff hören. Mit anderen Worten, er kann sich zweiteilen und sein Spiel und seine Registrierungen selbst beurteilen. Während seine Finger auf den Tasten sind, können seine Ohren unter den Zuhörern unten sein, was ihm erlaubt, korrekt zu spielen und zu registrieren.
Auch das ganze Instrument habe ich in wundervoller Erinnerung. Der Klang war äußerst edel, denn die meisten Register stammten von Cavaillé-Coll. Man mußte trotzdem vorsichtig in der Auswahl der Register sein, um keine allzu dicken Klangfarben zu wählen, denn die Mixturen hatten nicht die Brillanz, die man sich manchmal wünschte. Das Tutti, mit der gewaltigen Bombarde 32' im Pedal, besaß unvergleichlichen Glanz und erhabene Majestät, ganz der Größe dieser Kathedrale angemessen. Alle Grundstimmen waren ausnahmslos großartig: die Flûtes harmoniques waren die schönsten, die Cavaillé-Coll je baute. Man könnte einwenden, daß ihm die Akustik des Raumes die Intonation erleichterte, aber zum Genie eines Orgelbauers gehört eben auch die Kunst der Mensurierung, die der Akustik des Raumes angemessen ist.
Vierne wußte diese Orgel vortrefflich zum Singen zu bringen, sein Anschlag und seine Phrasierungen waren einzigartig. Seine geschmeidigen, aber starken Finger, seine noble äußere Haltung und seine sparsamen Bewegungen verliehen ihm ein außergewöhnliches Gefühl der Leichtigkeit und Natürlichkeit.
Von den fünf Manualen des Spieltisches war unglücklicherweise das oberste für das Schwellwerk. Die Schwelltüren wurden durch einen Tritt in vier Positionen

betätigt: Offen, geschlossen und zwei Zwischenstellungen. Dieser Tritt war ganz rechts außen angebracht, völlig außerhalb der Pedalklaviatur. Man kann sich unschwer die nicht sehr bequeme Stellung des Organisten vorstellen: Beide Hände auf dem fünften Manual, linker Fuß auf dem tiefen C des Pedals, rechter Fuß auf dem Schwellpedal rechts außen! Von daher ergab es sich schon als zweckmäßig, entweder mit dem geöffneten oder aber geschlossenen Schwellwerk ohne Nuancen zu spielen. Obwohl Vierne nur von mittlerer Größe war, meisterte er diese Schwierigkeiten hervorragend, fügte sich weise dieser Situation und paßte sein Spiel dem grandiosen Charakter dieses einzigartigen Instruments an.

Viernes Improvisationen erinnern an seine Orgelsymphonien: Der Komponist Vierne und der Improvisator Vierne waren ein und dieselbe Person. Genau wie in seinen Symphonien war die „Schreibweise" seiner Improvisationen sehr sorgfältig. Er liebte es, in vier- oder fünfstimmigem, polyphonen Stil die wunderbaren 8`-Grundstimmen singen zu lassen, bevorzugte die Flûte harmoniques, die er oft zusammengekoppelt einen noch klangvolleren Effekt geben ließ. Der Gottesdienst schloß gewöhnlich mit einer großen symphonischen Improvisation, in der stets klare Formen, solide thematische Konstruktionen und geschmackvolle Registrierungen vorherrschten. Es gab keine effektvollen Phrasen, keine nutzlosen Details, statt dessen große melodische Linien mit genauestens durchdachten Klangfarben. Diesen reinen Stil hatte er von Widor gelernt, dessen klassische Manier er oft in St-Sulpice gehört hatte.

Als Schüler Francks wußte Vierne auch, großen Melodienreichtum, Ausdrucksstärke und harmonische Wärme einzubringen, die ihn stilistisch mehr den Spätromantikern zugehörig erscheinen ließ. Als Ästhet dieses Typs war Vierne als Notre-Dame-Organist geradezu prädestiniert. Er paßte sich geschickt diesem Rahmen an, wurde so sehr Teil dieses Ganzen, daß man ihn als musikalische „Seele" der Kathedrale bezeichnen konnte.

Es war mein trauriges Privileg, am Tage seines Todes, dem 2. Juni 1937, bei ihm zu sein.

Es geschah während eines Konzertes, das für „Les Amis de l'Orgue" in Notre-Dame stattfand. Vierne hatte soeben mit großem Ausdruck sein letztes Werk, das Triptyque, gespielt. Ich stand neben ihm, um zu registrieren. Als er den letzten Satz des Triptyque („Stèle pour un enfant défunt") begann, wurde er blaß, seine Finger hingen förmlich an den Tasten und als er seine Hände nach dem Schlußakkord abhob, brach er auf der Orgelbank zusammen: Ein Gehirnschlag hatte ihn getroffen. An dieser Stelle des Programms sollte er über das gregorianische Thema „Salve Regina" improvisieren. Aber anstelle dieser Hommage der Patronin Notre-Dames hörte man nur eine einzige lange Pedalnote: Sein Fuß fiel auf diesen Ton und erhob sich nicht mehr.

Anmerkungen:

(1) Einige Freunde Tournemires (einschließlich Bonnet) hatten ihn gebeten, ein großes Orgelwerk mit dem Ziel zu schreiben, den Stil seiner zahlreichen Improvisationen auf diese Weise zu fixieren. So bildete die Gregorianik die Basis der Inspiration in diesem Werk. Der Komponist benutzte eine neue musikalische Ausdruckssprache, die in seinen späteren Werken bestimmend wurde. Im berühmten, 1910 komponierten „Triple Choral" kann man noch Francks Einfluß spüren. In „L'Orgue Mystique" ist dagegen sein Stil vollständig frei von Franck'schen Einflüssen. Tournemire ist hier vom reinen Improvisationsstil losgekommen, seine musikalischen Ideen sind verfeinerter, durchdachter und gefestigter geworden.

(2) Das völlige Fehlen jeglicher Indikationen erlaubt viele verschiedene Interpretationsmöglichkeiten.

(3) Diese „Fantaisie" ist eine große musikalische Bereicherung, obwohl sie nicht die Perfektion der „Trois Chorals" aufweist: sie hat die gleichen Ausmaße und den gleichen Charakter, den man auch im „Choral"-Thema findet (Voix humaine).

(4) Um Francks Orgelwerke richtig zu registrieren, muß man die Disposition des Schwellwerks in Sainte-Clotilde beachten: Es gab weder ein 16'-Register noch Mixturen. Das sollte man bei der klanglichen Realisierung auf anderen Instrumenten bedenken.

(5) Als die Orgel 1933 umgebaut wurde, erweiterte man die Klaviaturen auf 61 Töne und fügte auf Tournemires Wunsch einige Register neu hinzu. Diese Arbeiten erforderten einen neuen Spieltisch. Es ist sehr bedauerlich, daß Francks Spieltisch (der seit seiner Erbauung durch Cavaillé-Coll stets intakt gewesen war und zu den Kunstschätzen Frankreichs gehörte) nach Belgien gekommen ist und nicht in einem französischen Museum aufgestellt worden ist (z.B. im Conservatoire Paris); Viernes Spieltisch aus Notre-Dame ist erhalten und steht im Musée Notre-Dame.

V. Sekundärliteraturverzeichnis

● Bücher:

Abbing, Jörg (Hg.): „Maurice Duruflé-Aspekte zu Leben und Werk", Verlag Peter Ewers, Paderborn 2002

Dorfmüller, Joachim: „Zeitgenössische Orgelmusik 1960-1983", Möseler Verlag, Wolfenbüttel und Zürich 1983

Gárdonyi, Zsolt u. Nordhoff, Hubert: "Harmonik", Möseler Verlag, Wolfenbüttel 2002^2

Gárdonyi, Zsolt: "Kontrapunkt", Möseler Verlag, Wolfenbüttel 1991

Hielscher, Hans Uwe (Hg.) „Französische Orgelkunst der Spätromantik", Wiesbaden 1981

Kronsteiner, Hermann: „Cantus firmus Buch zur Orgelmusik", Veritas-Verlag, Linz o.A.

Michaely, Aloyse: „Die Musik Olivier Messiaen – Untersuchungen zum Gesamtschaffen" aus der Reihe "Beiträge zur Musikwissenschaft", Hamburg 1987

Reynolds, Jeffrey Warren (Hg.): „The Choral Music of Maurice Duruflé", University of Illinois at Urbana-Champaign, 1990

● Lexika / Bibliographie:

Brockhaus: „Der Musik-Brockhaus", Brockhaus: Wiesbaden, Schott: Mainz 1982

Blume, Friedrich: „Musik in Geschichte und Gegenwart", Bärenreiter, Kassel und Basel 1952 (Personen- und Sachteil)

Sadie, Stanley: „The New GROVE Dictionary of Music and Musicians", Band 12, British Library Cataloguing in Publication Data, London 1980

● Aufsätze:

Denis, Frédéric: „Marie-Madeleine Duruflé im Organ-Interview" in organ 2/99

Götting, Tobias: „Maurice Duruflé zum 100. Geburtstag" in „Ars Organi" 50. Jahrgang, Heft 2, Juni 2002

Mechler, Thierry: „Das Mysterium Maurice Duruflé" in musica sacra 2/2002

Reischert-Bruckmann, Annet: „Mit höchstem Anspruch-Maurice Durulfé" in Cantate1/02

- Internetseiten:

http://www.france-orgue.fr/durufle/index.php?zpg=drf.mmm

http://www.france-orgue.fr/durufle/index.php?zpg=drf.mmm.mrd

http://www.france-orgue.fr/durufle/index.php?zpg=drf.mmm.enr

http://www.france-orgue.fr/durufle/index.php?zpg=drf.mmm.pub

http://www.france-orgue.fr/durufle/index.php?zpg=drf.mmm.art

http://www.radio-france.fr/chaines/france-musiques/biographies/fiche.php?numero=110

http://www.culture.fr/culture/actualites/celebrations2002/manifdurufle.htm

http://www.hnh.com/composer/durufle.htm

http://mac-texier.ircam.fr/textes/c00000699/

http://www.arpeggione.fr/oeuvres/Durufle.html

http://www.mala.bc.ca/~mcneil/cit/citlcdurufle.htm

http://www.musimem.com

http://www.france.diplomatie.fr/culture/france/musique/composit/durufle.html

http://www.iol.ie/~rod/cathrec/durufle.html

http://www.trierer-orgelpunkt.de/durufle2002.htm

✍ Danksagung

Am Ende dieses Buches möchte ich für die freundliche Hilfe und Unterstützung beim Übersetzen dieser Texte Frau Eva Döring, Frau Liselotte Kunkel und Frau Barbara Ott danken. Außerdem bin ich der Association Maurice et Marie-Madeleine Duruflé für die freundliche Bereitstellung der Texte sehr verbunden. Ebenso gilt es Herrn Prof. Dr. Zsolt Gárdonyi für die analytischen Hinweise Dank zu sagen, meinem Vater für die Unterstützung bei der Schreibarbeit und der Lektorin Marion Malinowski für ihre Mühen.

Mein größter Dank gilt Herrn Prof. Günther Kaunzinger für seine große Hilfe, die wertvollen Ratschläge und die Mühe des detaillierten und konstruktiven Korrekturlesens meiner Arbeit.

Würzburg, am Fest der Erzengel Michael, Gabriel und Raphael
Anno Domini 2002

Marius Schwemmer

**Mit freundlicher Unterstützung der
Association Maurice et Marie-Madeleine DURUFLÉ**

6, place du Panthéon

F-75005 PARIS

Téléphone/FAX: 33(0) 1 43 26 45 02

www.durufle.org

E-Mail: contact@durufle.org

www.ingramcontent.com/pod-product-compliance
Lightning Source LLC
Chambersburg PA
CBHW020125010526
44115CB00008B/981